Si ma police
vous était contée

COMMISSAIRE
BERNARD PASQUALINI

Si ma police vous était contée

De Carlos aux émeutes en banlieue, 35 ans de flicailleries

Pygmalion

Avec la collaboration de Matthieu Frachon

Sur simple demande adressée à Pygmalion,
87 quai Panhard et Levassor, 75647 Paris Cedex 13,
vous recevrez gratuitement notre catalogue qui vous tiendra au courant de nos dernières publications.

ISBN : 978-2-0812-3755-1

À Mattéa, Léria, Antoine et Thomas

« La police se fait sur le terrain au plus près des hommes, mais les carrières se font dans les salons. »

La Bruyère

« Ils n'avaient, il fallait en convenir, rien : aucun mobile évident, aucun témoignage, aucune piste. Ça menaçait d'être une de ces affaires pénibles, caractérisées par un dossier vide qui attendent parfois des années leur solution – quand elles la trouvent. »

Michel Houellebecq

« Il n'y a pas de police facile. Si la police était facile, il n'y aurait pas besoin de police. »

Dominique Monjardet

Prologue

Permettez-moi de me présenter

Certains métiers fascinent, le mien fait partie du nombre.

— Mais dites-moi, pourquoi êtes-vous devenu policier ?

Cette question est récurrente, habituelle. Je crois que chaque flic a sa réponse, son itinéraire. Le mien est un peu sinueux, étonnant, pas vraiment tracé selon les critères d'une carrière classique.

Quand je raconte mes histoires, la réaction est toujours la même :

— Tu devrais écrire un livre !

Mes amis journalistes, à commencer par Rémy Bellon de l'AFP sans qui ce livre n'existerait pas, me poussaient à prendre le stylo. Dans les écoles de journalisme, les divers endroits où j'intervenais, j'entends toujours la même rengaine : « Vous devriez écrire », « Alors, vous écrivez quand ? »

À force, l'idée a fini par s'imposer. Alors j'ai ouvert la boîte à souvenirs, consulté mes archives. J'ai dû faire un peu la poussière, relire de vieilles coupures de presse, revoir des émissions de télé. Parfois j'ai souri, parfois j'étais ému. Et, au final, je me suis dit que ma police méritait d'être racontée, comme je l'ai vécue, du plus simple au plus difficile.

*

Jeune Niçois monté à Paris, j'ai appris mon métier en battant le pavé, en interrogeant les concierges. On voit de tout dans ces commissariats, l'humanité entière y défile. J'ai franchi la porte du 36, le saint des saints, le Quai des Orfèvres. Mes années à la criminelle furent intenses, j'ai couru après un œil de verre, assisté à la traque des ravisseurs du baron Empain… La crim' est une redoutable machine, un rouleau compresseur, très exigeante avec ses hommes.

La suite aurait pu être taillée sur mesure, mais je suis devenu commissaire, j'ai bougé, connu la brigade des stups, celle du 93, l'antiterrorisme, sous les ordres d'un chef… particulier. Et puis, il y a le gang des Postiches, Action directe, le boxeur assassin, la banlieue, la came, Jean-Luc Lahaye, les émeutes de 2006, le scooter sarkozien…

*

Un jour, le « Bubar » (mon surnom à vie, pour cause de barbe) a rendu sa carte, rangé les menottes, lâché le métier. Mais je reste un flic ; dans mes gestes, mes attitudes, mon esprit. Un flic passionné, qui n'a pas tout à fait dételé. Ce livre est donc aussi pour ma famille, qui a été souvent tenue à l'écart de cette vie professionnelle si riche.

Voici ces histoires, ces hommes et femmes que j'ai croisés. Certains ont fait la une des journaux, d'autres sont restés dans l'ombre. Parfois terrifiants, émouvants, déroutants, ces personnes sont la vie, une part de nous, sombre ou plus riante. Mes émotions sont là, encore bien présentes, colère, dégoût, rire, tristesse, découragement… Ce sont aussi de nombreuses questions que je me pose encore, des débuts de réponses sur notre société, le crime, les voyous, la police.

C'est en tout cas la vie, ma vie…

Le « bubar » vous salue bien.

Commissaire Bernard Pasqualini.

1

21 nuits, 21 jours

La banlieue s'enflamme

La banlieue, je connais !

En 1994, j'étais à la police judiciaire de Bobigny, aux stups ; j'ai sillonné le 9-3, hanté les bureaux minables dévolus à la PJ, fait du terrain, encore et toujours du terrain. Pailleron, ça vous dit quelque chose ? Cet architecte est entré dans l'histoire par la mauvaise porte. Dans les années soixante-dix, un collège de sa conception, du provisoire, du carton-pâte, avait brûlé comme une torche, provoquant la mort de dizaines de collégiens. Or c'est un bâtiment de ce type qui abrite la police de Seine-Saint-Denis. Et c'est dans ces locaux que je reviens en 2001, comme patron de la Sûreté départementale.

Ne croyez pas que ce soit une punition : j'ai postulé et demandé cette affectation. Je voulais terminer ma carrière « au front » ! La SD (la police adore les acronymes) est un maillon entre la sécurité publique, la police des rues, et la PJ.

Or ma mission s'annonçait passionnante, il fallait travailler sur la délinquance, celle du quotidien, sur toutes ces enquêtes que la PJ ne peut pas effectuer, à la croisée des chemins entre la voie publique, l'insécurité et la criminalité.

À cette époque, la PJ ne fonctionne pas à plein dans le domaine des violences urbaines, et mon service lui « fait la nique » à de nombreuses reprises. Je me souviens notamment d'une affaire de trafic d'armes à Montreuil qui les a un peu fait tousser.

J'effectue donc mon travail, au sein de ce département du 93 qui alimente tous les fantasmes, où se côtoient les caïds, les gamins perdus, des gens ordinaires, abandonnés depuis trop longtemps.

En octobre 2005, rien ne laisse présager une explosion de la banlieue, Vingt et un jours et vingt et une nuits d'émeutes, d'affrontements, de voitures brûlées. Vingt et une nuits rythmées par le bruit des explosions, les courses-poursuites, les crachotements des radios, les sirènes des pompiers… Et les vingt et un jours passés à décompter les blessés, les voitures brûlées, les dégâts, à interpeller, interroger, à se réunir pour faire face, sans comprendre.

Qui a inventé le terme d'« émeutes urbaines » ?

Quand ? Pourquoi ?

Je ne sais pas.

Ce que je sais avec certitude, c'est qu'elles restent à jamais gravées dans ma mémoire, et m'ont occupé vingt et une nuits. Vingt et un jours. Sans discontinuer. Un siècle.

*

Ce petit matin-là, ce 28 octobre, le téléphone sonne chez moi. Mon directeur Jacques Méric, qui dirige l'ensemble de la police du 9-3, est au bout du fil.

— Bernard, on a un gros problème ! Cette nuit une « courette » entre des gardiens de la paix et des jeunes a mal tourné : trois gamins se sont réfugiés dans un transformateur EDF, deux sont morts électrocutés, le troisième est à l'hôpital…

Je pressens immédiatement la cascade de réactions que cette tragédie a entraînée. Quelques mois auparavant, un contrôle de voiture ayant dégénéré avait donné lieu à deux nuits agitées à Aubervilliers. Méric me donne le bilan de la nuit : vingt-trois voitures brûlées, un policier légèrement blessé, une école maternelle incendiée. Puis il enchaîne :

— On n'a pas plus détails sur la mort des deux garçons, c'est assez flou, nous en saurons plus, j'espère, lors de la réunion d'état-major de tout à l'heure.

La réunion habituelle du vendredi, celle qui fait le point, une routine placée sous le signe du drame ce 28 octobre. Dans le monde des cités tout prend vite de l'ampleur. Il va falloir vite réagir, prendre la mesure des événements, communiquer, faire la part des rumeurs venues de « radio banlieue » Dans la voiture, mes pensées se bousculent, je sais qu'on a franchi un cap, la situation est grave.

À Bobigny, dans le bureau de Méric, la tension est palpable, c'est un conseil de guerre, tous les visages sont fermés. Le commissaire de nuit fait le point, donne tous les faits. La PJ est chargée de l'enquête, il faut agir vite, éteindre l'incendie avant que tout s'embrase.

Dans l'antichambre, deux des policiers acteurs de la poursuite fatale patientent. Ils entrent, sont fatigués, les traits tirés, se retrouvent face aux huiles du département. Ils expliquent, ou tentent de le faire. Appelés à la suite d'un vol sur un chantier, ils ont poursuivi un groupe, une « courette » classique en banlieue. Une autre voiture de police semble être intervenue ainsi qu'un véhicule de pompiers. Ensuite, tout est embrouillé, confus.

— On les a poursuivis, ils ont disparu.

— Vous ne les avez plus revus ?

— Non, à aucun moment.

— Donc vous ne saviez pas qu'ils s'étaient réfugiés dans un transformateur.

— Non.

Méric les renvoie dans leur service. On fait le point, le week-end s'annonce chaud, il faut demander des renforts !

*

Je vais sur le terrain immédiatement voir l'école qui a brûlé, faire les constatations. Jacques Méric rédige son rapport, il n'imagine pas que ce dernier lui reviendra comme un boomerang. Il s'agit donc de reconstituer au plus vite ce puzzle, rassembler les informations ; et ce d'autant que la hiérarchie, du préfet au cabinet du ministre de l'Intérieur, Nicolas Sarkozy, demande des comptes. On va reprocher à Méric un exposé incomplet – facile à dire, mais nous n'avions rien de tangible, d'avéré. Seule certitude : la nouvelle de la mort des deux adolescents s'est répandue dans le quartier sensible du Chêne-Pointu, où des violences ont aussitôt éclaté.

Le soir, je suis de permanence, départementale, pas sur le terrain, mais joignable. Les renforts sont à pied d'œuvre, le dispositif spécial est en place. Je quitte mon bureau, je prends le rond-point, les enfants viennent dîner à la maison. Mais je suis troublé, une petite voix trotte dans ma tête, je passe un coup de fil chez moi :

— Écoute, je ne sens pas la soirée, je vais aller sur le terrain à Clichy.

Ma femme est habituée ; comme la plupart des épouses de flics, elle sait qu'il est inutile de tenter de me faire rentrer à la maison.

*

À peine ai-je raccroché que ma radio crachote :

— TN 93 (l'état-major), de TL 854.

— De TN 93, parlez.

— Un fourgon de CRS vient d'essuyer un tir.

Je suis stupéfait : c'est la première fois que j'entends cela, la première fois que des armes à feu sont utilisées lors de violences urbaines, la première fois contre des policiers. Je pense :

« Mais c'est la guerre. » Comment gérer une telle situation ? Est-on seulement équipé pour réagir ? Je n'en mène pas large, surtout lorsqu'une voix à la radio annonce :

— Ici TL 854, je regroupe les effectifs en vue d'une opération de sécurisation.

J'interviens immédiatement sur les ondes :

— Ici TI 896, négatif. Regroupez-vous au PC, j'arrive, on va évaluer la situation.

Je soupire, une intervention à chaud n'est pas envisageable, il faut se poser, étudier nos options, voir le terrain.

Je fonce vers le PC, la caserne des pompiers de Clichy-sous-Bois.

J'arrive, j'examine le fourgon touché, j'écarquille les yeux :

— Mais c'est au moins du 9 mm !

Je frémis en regardant l'impact, sur un montant de porte, à quelques centimètres de la tête d'un CRS assis à l'arrière. Le Citroën Jumper étant en train de rouler entre deux barres d'immeubles, il est impossible de déterminer d'où venait le tir.

— Tout le monde en place, on y va !

*

Les CRS et CDI (compagnies départementales d'intervention) progressent en contrebas de la caserne. Une barricade est en train de se dresser rue Maurice-Audin.

On a droit à un caillassage en règle, nous ripostons avec des grenades. Les émeutiers sont à quelques mètres de nous, mais je ne veux pas pour l'instant que nous les dispersions – bien que j'en meure d'envie : à la moindre charge, ils se réfugieraient dans les immeubles, des pièges pour nous.

— Restons groupés, répondez avec les Cougar (des lanceurs de grenades).

L'une des grenades heurte une branche de peupliers, tombe sur un balcon d'immeuble et met le feu. J'empoigne ma radio, je demande l'intervention des pompiers.

— Incendie sur un balcon.

Je donne l'adresse, mais je regarde la rue : elle est totalement bloquée, jamais les pompiers ne passeront !

Tout se bouscule dans ma tête : « Mais que fait donc le locataire de l'appartement ? Il suffirait d'un seau d'eau pour stopper les flammes... »

Les minutes sont interminables et, derrière nous, de petits rassemblements s'organisent, la vue des flammes attise la colère.

D'un seul coup, le feu s'éteint, quelques volutes de fumée, plus rien, soulagement ; je ne saurai jamais ce qu'il s'est passé sur ce balcon. Mais lorsque j'y repense, j'en ai encore des sueurs froides, car les conséquences de cet « incident » auraient pu être dramatiques.

*

J'ai d'autres raisons de m'inquiéter, notre groupe est pris à revers, on se trouve dans la pire des situations : entre deux feux. De plus la colère monte ; selon « radio banlieue » le troisième jeune qui a été blessé dans l'affaire du transformateur serait mort. Je veux démentir, tenter le dialogue, mais c'est impossible.

Soudain, une scène digne d'un western époque John Wayne se produit. La cavalerie arrive ! Ou plutôt la diplomatie, des responsables communautaires, d'associations et élus rencontrés quelques heures auparavant à la mairie, et qui, immédiatement, viennent à mes côtés, affirment que le troisième garçon est toujours vivant et appellent au calme. Leur autorité reconnue fait baisser la tension. Les affrontements cessent peu à peu. Des petits groupes, les mains dans les poches, capuches rabaissées, déambulent dans les allées de la cité du Chêne-Pointu. Probablement nos « belligérants », que je fais contrôler de manière systématique, et à qui je lance sans bien réfléchir, évoquant une époque révolue et dont ils n'ont peut-être jamais entendu parler :

— Rentrez chez vous, le spectacle est fini, c'est le couvre-feu !

Je suis un visionnaire, car cette histoire de couvre-feu sera mise en place dans les prochains jours, avec plus ou moins de réussite et une grosse polémique.

Le « spectacle » ne faisait que commencer !

*

Les nuits s'enchaînent. Au petit matin, le même paysage de désolation s'offre à nous : épaves calcinées, traces d'explosions, bilan des blessés, journalistes qui se pressent dans les commissariats… Je dois gérer les procédures judiciaires, celles des gardés à vue, des quelques personnes prises en flagrant délit ou interpellées plus tard. Pas d'aveux, évidemment, même s'ils sont reconnus par les policiers. Parole contre parole. La plupart étaient masqués ou cagoulés, seuls leurs vêtements peuvent nous permettre de les identifier, de les « accrocher ». Mais, là aussi, ils ont su s'adapter, changeant de blouson. Le « grand Black avec un survêtement Adidas » du rapport de police s'est débarrassé de ses fringues reconnaissables. Malin ! Nous avons bien essayé de trouver des traces d'essence, mais la fiabilité des tests est incertaine et les juges n'ont pas été convaincus. Or ma priorité c'est le judiciaire, d'amener le maximum d'émeutiers devant la justice.

*

Chaque soir, je prends place dans le rudimentaire car de commandement. Un PC mobile prêté par la préfecture de police, pas de la première jeunesse ! On pourrait même dire que la PP nous a généreusement alloué un fourgon très fatigué. Il n'y a pas assez de sièges et j'utilise un vieux fauteuil de jardin récupéré dans les décombres du poste de police incendié la veille.

*

Le premier soir, nous nous retrouvons sourds et aveugles : la radio et l'unique néon d'éclairage tombent en panne coup sur coup ! La pression est à son comble ; Jacques Méric demande à la radio, qui a été réparée :

— Fais-moi un point sur la situation, Bernard.

— Je ne peux pas, ça pète de partout !

Le préfet est en ligne toutes les trente minutes. Il relaie les plaintes des élus, il n'y a pas de policiers chez l'un, l'autre signale des incendies… On colmate les brèches, je dois faire le point, heure par heure, pour Jacques Méric en pleine réunion au ministère de l'Intérieur. Comment être partout, face à des adversaires extrêmement mobiles alors que nous ne pouvons nous déplacer qu'en unités constituées ?

C'est l'équation, complexe, que je dois résoudre en même temps que les pannes de radio et de lumière dans notre « fourgon de commandement ».

Vers 3 heures du matin, un calme précaire s'installe, les émeutiers se dispersent, rentrent sagement au dodo. Il n'y a eu « que » quatorze voitures brûlées mais aucun blessé. Un vrai petit miracle, si j'en juge par le fourgon de police que je vois revenir chargé d'une demi-douzaine de radiateurs en fonte lancés du haut des toits des cités !

*

Le lendemain, le dimanche, un de mes hommes m'interpelle :

— Dites, patron, les CRS ils ont leurs cantines, mais nous, on n'a rien, même pas une bouteille d'eau.

L'intendance n'a pas suivi, peu habituée à gérer autant d'hommes sur le terrain. Alors je vais au supermarché avec ma femme acheter deux cents bouteilles d'eau que je distribue aux hommes exténués.

Pendant ce temps, les projecteurs sont braqués sur le 93 ; les télévisions étrangères font leurs choux gras des incendies de voitures à Clichy-sous-Bois ou aux alentours, et diffusent en boucle des images se passant de tous commentaires montrant la France à feu et à sang. On ne compte d'ailleurs plus le nombre de journalistes agressés dans nos cités HLM, et qui se présentent dans les différents commissariats du département pour déposer plainte. La France – et le monde –, découvrent que les banlieues de l'Hexagone peuvent devenir une poudrière.

2

« C'est Bagdad mon frère ! »

Cinq jours plus tard. 2 novembre 2005. Une date qui m'a particulièrement marqué. Ce soir-là un match de foot se déroule au Stade de France, une rencontre de Ligue des champions entre Lille et Manchester, rien que ça ! Violences urbaines ou pas, j'ai en charge le dispositif judiciaire de la rencontre, à savoir la prise en charge d'éventuelles interpellations de hooligans.

Or les Renseignements généraux, fidèles à leur réputation et plus réactifs sur ce thème qu'en matière de violences urbaines, font état de risques importants de troubles. Conséquence : un service de maintien de l'ordre quasiment doublé pour le bonheur de nos « hooligans » des cités. Car la radio ne cesse de cracher une suite de violences, d'incendies, non dans le stade mais en banlieue, si bien que le procureur de la République, François Molins, s'en émeut, le fait savoir et nous ordonnons aux effectifs de quitter

Saint-Denis pour rejoindre au plus vite le terrain des violences urbaines.

Cette nuit-là, cent quatre-vingt-un véhicules particuliers sont détruits par le feu, vingt-trois personnes placées en garde à vue, deux pompiers et quatre policiers blessés. À Aulnay-sous-Bois, un poste de police et un vaste garage Renault sont incendiés. À Sevran, c'est un bus dans lequel se trouve une handicapée, laquelle est grièvement brûlée ; au Blanc-Mesnil, un lycée. Une nuit de folie, de fous.

*

L'affaire du bus a marqué tout le monde, l'enquête fut un demi-succès, uniquement dû à un témoin, une personne qui n'aurait jamais brisé la loi du silence des cités, celle de la peur, si on n'avait pas pu appliquer la procédure dite du « témoignage anonyme ». Ce crime, car c'en est un, relève de la guérilla, de l'opération commando.

Vers 21 h 50, un bus des « Courriers de l'Île-de-France » – ligne 15 – roule rue Charles-Conrad à Aulnay-sous-Bois quand le chauffeur, remarquant deux poubelles en feu au milieu de la rue, stoppe et fait évacuer les passagers. C'est alors que le car est attaqué par six personnes aux visages cachés par des capuches ; l'une d'entre elles jette par la fenêtre une bouteille enflammée. Une véritable scène de far west. Les passagers s'enfuient… tous, à l'exception d'une femme handicapée. Un assaillant entre dans l'habitacle, répand de l'essence sur le plancher et l'enflamme. Atteinte de graves brûlures, la malheureuse est secourue par le chauffeur qui parvient, au péril de sa vie, à l'extraire du brasier. Héros ordinaire d'une scène qui ne l'est pas.

Un témoin a donc déposé sous identité cachée. Il nous a raconté le scénario de l'attaque après avoir reçu les confidences d'un ami. Il y a eu trois interpellations, deux adultes et un mineur. Interrogés, confrontés, acculés, ils ont en partie avoué. Puis ont été présentés à la justice pour un piètre résultat : le seul condamné écopera d'une peine de sept mois ferme pour avoir déversé de l'essence dans le bus.

*

L'affaire du garage Renault n'est pas mal aussi dans le genre : un bâtiment de plus de 1 000 mètres carrés, quatre cent cinquante véhicules partis en fumée, un préjudice de plusieurs millions d'euros.

Le même soir donc que l'attaque du bus, vers 23 heures, un agent de sécurité voit arriver un groupe d'hommes masqués sortant de la cité HLM Nouvelle-Europe. Accompagné de son chien, l'homme se dirige vers eux, mais accueilli par des jets de pierre, se réfugie dans sa voiture. Les voyous brisent les vitres du garage, lancent à l'intérieur des bouteilles incendiaires, le feu prend rapidement et la concession s'embrase.

Le gardien tente d'intervenir à nouveau. Il est alors agressé, on tente de lui voler son téléphone portable, il quitte les lieux, ne peut joindre la police. Il se rabat sur la police municipale qui, aussi débordée que nous le sommes, est incapable d'intervenir.

Là encore, un témoin, déposant sous identité cachée, va nous être d'un grand secours. Cette affaire, raconte-t-il, a démarré dans une autre cité HLM d'Aulnay :

— *Je suis venu spontanément à vous car je voudrais que les gens qui ont fait cela soient arrêtés. J'habite dans le même quartier qu'eux et maintenant, comme ils se sentent très forts et impunis, ils ont décidé de tout commander dans le quartier. Ils font du racket et menacent les gens pour que tout le monde se taise. Tout le monde a peur et personne n'ose rien dire…*

— *Que pouvez-vous nous dire ?*

— *D'abord il y a eu les émeutes à la suite des événements de Clichy. Les incidents ont commencé à Aulnay-sous-Bois quelques jours plus tard. Dans les derniers jours d'octobre, il y a eu des rassemblements de jeunes, sans incident. Ils ont stocké de l'essence qu'ils allaient acheter dans les stations avec des scooters qu'ils siphonnaient ensuite dans les caves. Ils ont pu ainsi, en faisant des rotations, emmagasiner des litres qu'ils mettaient dans des bouteilles en verre, le but étant de faire comme tout le monde et de mettre le feu à plusieurs cités. Ils l'ont fait dans un bâtiment pour faire parler d'eux. Le 1er novembre, ils ont déjà mis le feu à un garage Hertz à quelques centaines de mètres de Renault après avoir cassé des vitres et volé des cigarettes et la caisse d'un café à côté. Pour entrer dans le garage Renault, ils ont brisé des vitres et sauté le grillage. Ils sont entrés dans le bâtiment, ont mis le feu avec des bouteilles d'essence puis sont ressortis avec un ordinateur à écran plat. Une dizaine de voitures ont cramé, j'ai tout vu de l'avenue. Tout le monde avait peur des représailles, que leurs voitures brûlent.*

— Vous parlez de jeunes, mais de qui s'agit-il exactement ?

— Une quinzaine, des Noirs et des Arabes de dix-huit à vingt ans environ, tous de la cité de l'Europe dont je peux vous donner six noms sans me tromper. Je suis prêt à les reconnaître sur photo. Les autres, je ne les connais pas, je pourrai les identifier si vous avez des photographies, même s'ils mettaient des écharpes ou des bonnets.

— Mais revenons à la soirée de l'incendie du garage, que pouvez-vous nous dire de plus ?

— Les jeunes se sont réunis au centre de la cité et ont mis l'éclairage public de la tour 3 en panne. Tous étaient « chauds », ils voulaient faire quelque chose de grave. M. a eu l'idée de mettre le feu, c'était le meneur et tous les autres ont été d'accord. Des gens de la cité sont intervenus pour les ramener à la raison mais sans succès. M. a continué de monter les autres.

La suite, c'est l'incendie du garage. Mais ce que va nous apprendre le témoin nous laisse abasourdis :

— Le lendemain, le groupe s'est reformé dans la salle Sadakka, un petit bâtiment de la cité mis à la disposition des habitants par la mairie, une salle commune. La quinzaine de jeunes était là. Ils étaient heureux et fiers de leur travail. Ils ont parlé devant tout le monde de ce qu'ils avaient fait. Ils voulaient faire encore mieux que les autres cités et, comme un entrepôt avait brûlé au Blanc-Mesnil, ils voulaient frapper encore plus fort. M., le meneur, avait dans

l'idée de se regrouper avec la cité HLM des 3 000 pour tout casser au centre commercial Parinor. Les autres n'étaient pas d'accord car ils avaient peur des conséquences. Un des jeunes, je ne sais plus lequel, a émis l'idée de cramer le garage Toyota rue Jacques-Duclos mais cela n'a pas abouti car tous les véhicules avaient été retirés compte tenu des incendies. M. a suggéré de mettre le feu à l'usine L'Oréal (en face du garage Renault), mais ils ont tous refusé à cause des produits chimiques et parce que cela pouvait faire un nuage dangereux ou faire exploser la cité comme à Toulouse avec AZF. D'autres ont parlé de brûler la mairie d'Aulnay et le Trésor public mais c'était trop loin de la cité. Des plus grands ont réussi à les raisonner un peu…

— D'après ce que vous dites, tout cela s'est déroulé au vu et au su de tout le monde dans la cité. Pourquoi personne n'a témoigné ?

— Par peur des représailles. Ces quinze jeunes arrivent à terroriser la cité, on a tous peur. J'ai hésité avant de venir vous voir et j'ai réfléchi : c'est la seule solution. Si personne ne dit rien, ils vont continuer de plus belle. Je me suis décidé à témoigner lorsque vous m'avez expliqué que c'était anonyme. Il faut que je vous dise que plusieurs personnes ont été blessées par ces jeunes. Des gens qui travaillent, qui ont un salaire et sont rackettés sous la menace de violences.

*

Quand je revois le procès-verbal de son audition, je ne peux m'empêcher d'arborer un sourire crispé : « Le témoignage sous X » a fait, fait toujours et fera débat longtemps. J'en suis un chaud partisan et ai eu l'occasion de m'en entretenir à plusieurs reprises avec des magistrats, lesquels le sont beaucoup moins, estimant que ce n'est pas suffisant pour aboutir à une condamnation.

Certes.

Mais que faire d'autre s'il n'y a que cela pour entamer des investigations, et je précise bien entamer, face à un silence plus lourd qu'une chape de plomb ?

J'ai souvent rencontré des difficultés pour obtenir l'autorisation d'enregistrer ce type de témoignage, auprès de certains juges, dont les raisons n'étaient pas toujours claires ou motivées. Et que dire de ces avocats qui mettent tout leur talent à contester cette disposition et dissuader d'éventuels témoins, plus préoccupés d'obtenir par tous moyens la relaxe de leurs clients que de penser un instant au devoir de vérité ? Comment ne pas comprendre qu'un citoyen lambda d'une cité HLM n'ait que cette issue pour collaborer avec nous sans mettre en danger lui et sa famille ? Comment être d'accord avec cette remarque d'un avocat en cour d'assises : « Un témoignage sous X est un sous-témoignage qui engendre une sous-justice » ? J'enrage en l'entendant !

*

Le groupe identifié par notre monsieur X a été mis sous surveillance : écoutes téléphoniques et filatures. Enfin, nous ciblons une douzaine de personnes. Quatre mois plus tard, c'est le coup de filet.

Pendant la garde à vue, l'un d'entre eux reconnaît s'être vanté au téléphone, conversation enregistrée par nos soins, d'avoir « cramé le garage ». « Je suis mythomane, dira-t-il par la suite, je me suis vanté pour me mettre en valeur auprès des jeunes de la cité. » Et d'ajouter : « J'ai tout inventé après avoir vu les images à la télévision. » Son père, entendu comme témoin, l'a présenté comme menteur, instable, souffrant d'un complexe d'infériorité.

Certains de ses petits camarades ont été reconnus par des témoins lors d'un « tapissage », cette opération qui consiste à leur présenter un suspect parmi d'autres individus anonymes et innocents, policiers pour la plupart pris au hasard. En vain : faute d'éléments de preuve, ils ont tous été… relâchés.

*

Dans cette affaire, une écoute me fait encore froid dans le dos lorsque je relis sa retranscription. C. et A. conversent le plus naturellement du monde. Des émeutes, des récents rebondissements :

A : Hocine ?

C : Ouais bouffon.

A : C'est un pote à moi, il habite Noisy. J'étais avec lui, il m'a dit ce soir, c'est mort demain.

C : Moi aussi, j'étais à Noisy. C'était mort aussi, c'est la guerre à Noisy. Grave. Des CRS partout.

A : C'est mort alors ?

C : Toute la cité est en feu, c'est Bagdad mon frère.

A : Mais vous êtes bêtes parce que vous avez tout cramé le matin mon frère.

C : Non on a cramé deux classes, écoles primaires. C'était pas nous en plus, mais les mecs de Néruda.

A : Mais faut pas brûler le matin même.

C : On s'en bat les couilles. Moi, le seul truc que je fais, j'ai brûlé, quoi ! Que des Renault parce qu'elles m'ont foutu la haine les Renault. Parce que le bâtard, un jour, je pars chercher un stage là-bas et on dirait qu'il se foutait de ma gueule. Ah, tu veux un stage toi, hola, c'est chaud, tu vas vendre quoi bâtard ? Mais ils le savent qu'aucun bougnoule allait acheter une voiture neuve là-bas. Donc, on s'est dit comme y sert à rien le (garage) Renault, pour nous quoi, tac, allez dans ta gueule !

A : Ils l'ont mal placé, cousin, le Renault. Ils l'ont entouré de cités.

C : De quoi ?

A : Le Renault, il est à côté de ta cité ?

C : Ouais, à côté là.

A : À côté des 3 000 ? Ils l'ont mal placé, le Renault, cousin !

C : C'est ça. Y placent des trucs de merde à côté de chez nous, même Midas et L'Oréal qu'ils voulaient cramer mais y a des trucs chimiques.

A : Et les keufs, t'as vu, y tirent partout.

C : Ouais, les fils de p... Comment j'en ai chopé un avec David. Paf ! Paf ! Paf !

A : Qui ? David ?

C : Même l'équipe de TF1, tu sais quoi, on l'a arrachée, on a cramé leur voiture, on a pris la caméra du kéma, on l'a cassée en deux. Le kéma, on lui a mis une paftar. TF1 et tout ça. Et vous, à Livry, vous avez cramé une église ?

A : Non, on a cramé des voitures en face. Ils ont essayé de brûler un magasin mais n'y ont pas réussi.

C : Prenez de l'essence…

A : On a des cocktails Molotov mon pote.

C : Ouais, tu mets de l'essence dans les cocktails Molotov ?

A : Moi je sais pas. C'est pas moi qui les fais. Je sais pas comment ça se fait, tu vois.

C : Tu mets de l'essence, tu mets un papier tout ça et ça crame ; ça explose, ça fait pchii, ça prend partout.

A : Y en avait, arrête de croire qu'on ne va pas…

C : Alors prends une bouteille en plastique, tu mets dedans de l'aluminium et de l'alcool à 90 degrés. Tu mélanges, tu mélanges et quand ça commence à gonfler, tu la jettes… Mais tu mets pas à côté de toi, ça explose, t'es mal, ça revient sur toi. Ça explose tout. C'est ce qu'on appelle un cocktail Molotov 4.

A : Ah, je vais essayer un jour.

*

Les jours suivants, toutes les communes du département seront touchées, sans exception ; la contagion gagnera également plusieurs villes de province. Toujours le même scénario : à la nuit tombée, des petits groupes mobiles sillonnent les rues, incendient des voitures et attaquent systématiquement les forces de l'ordre.

*

Le ministre Sarkozy, omniprésent durant les émeutes, vient dans le 93 à plusieurs reprises, la nuit surtout.

Je me souviens particulièrement d'une de ces visites, où je me suis retrouvé avec lui et ses hommes de confiance, Claude Guéant et Michel Gaudin, dans le bureau de notre directeur, Jacques Méric. Tour de table, il s'adresse à moi :

— Et vous, qu'en pensez-vous ?

— J'ai bien une proposition à faire.

— Allez-y.

— Il faut rétablir la loi anticasseurs pour ce type de violences collectives.

Je lui résume en quelques mots l'intérêt qu'il y aurait, selon moi, à sortir du verrou juridique de la responsabilité individuelle pour ce type de faits, et de revenir à cette loi instaurée lors des grandes grèves des années soixante-dix, puis abolie par la suite. « Sarko » se tourne vers ses collaborateurs et demande qu'une note lui soit préparée à ce sujet. Réponse des intéressés : le législateur n'est pas prêt.

Plus tard, c'est en tant que président de la République, qu'il mettra sur les rails une réforme équivalente.

*

Et puis, le matin du 17 novembre 2005, je prends connaissance avec soulagement de la synthèse journalière des crimes et délits sur le 93 : « Nuit calme, sept véhicules incendiés, pas d'interpellation. » Voilà, c'est fini, personne n'a sifflé la fin de la partie, il n'y a pas eu de trêve, ni de négociation avec cet ennemi sans tête, ça s'est arrêté soudainement, aussi brutalement que la guerre avait commencé !

C'est le point final de cette période noire dont le coût total n'a jamais été connu. La République a vacillé.

3

Du 36 au 9-3

Je n'ai pas toujours été le flic de banlieue

Existe-t-il un parcours classique dans la police ? Question difficile en ce qui me concerne. Je suis pourtant très classiquement passé du commissariat de quartier, jeune inspecteur, au 36, quai des Orfèvres, la prestigieuse brigade criminelle. Ensuite j'ai bifurqué, je suis devenu commissaire, j'ai traîné quelques mois aux Grandes Oreilles (Renseignements généraux), aux stups. Puis ce fut l'antiterrorisme, une époque où je quitte mon domicile de banlieue, Rosny, pour vivre à Paris. Un déménagement paradoxal puisque quelque temps après, je suis nommé en banlieue ! Je n'ai d'ailleurs jamais été d'accord avec la grande maxime « Tu vis là où tu travailles », ne pensant pas qu'être le « flic du quartier » amène plus de compréhension et de sérénité.

Hormis un bref épisode en province, je suis un flic mi-banlieue, mi-Paris. Or, si les jeunes policiers rêvent du 36, dès que l'on parle de l'Île-de-France, de Saint-Denis ou de Cergy, c'est la moue. Pendant plus de vingt ans j'ai arpenté Paris, comme inspecteur, une fois commissaire j'aurais pu y rester. Mais Claude Cancès, directeur du 36, me propose la brigade financière. J'ai alors 42 ans, je me vois mal me colleter avec cet univers de chiffres et de flux d'argent. Il enchaîne :

— Les stups de Bobigny ? J'ai de gros problèmes avec ce service

— Banco !

*

Je ne regarde pas en arrière, je ne me pose pas de questions sur la carrière. L'intérêt du travail prime sur tout, je n'ai pas envie de suivre une voie tracée, idéale. Toute ma vie professionnelle a été guidée par cette volonté. J'ai la chance d'avoir connu beaucoup de choses : le petit commissariat de Saint-Germain, le Quai des Orfèvres et de grandes affaires criminelles, les bureaux du ministère de l'Intérieur place Beauvau à l'anti-terrorisme, les réunions de très haut niveau, les voitures pourries, les moyens illimités, le bungalow-bureau de banlieue…

L'administration policière est un mystère pour le grand public, elle a ses codes et sa logique, parfois biscornue. Le policier n'est pas toujours maître de son destin, il peut déplaire, se retrouver au placard et en sortir grandi. Je me souviens de

Jacques Genthial, patron de la brigade criminelle, débarqué sans raison et muté à l'IGPN (Inspection générale des services, c'est-à-dire la police des polices). Son crime ? Avoir eu quelques conversations téléphoniques avec l'ennemi juré de François Mitterrand, l'écrivain Jean-Edern Hallier. La cellule « écoutes » de l'Élysée ne l'a pas raté. Tout seul dans son bureau Genthial a réfléchi, monté un épais dossier sur la police scientifique, alors à la ramasse en France. Un ministre de l'Intérieur plus intelligent que la moyenne, Pierre Joxe, lui a tendu la main et en a fait le directeur de cette PTS (police technique et scientifique), que Genthial a révolutionnée, modernisée… À quoi tient une carrière !

Ce métier de flic nous amène à connaître beaucoup de choses, de nombreux milieux, de grandes injustices. C'est peut-être pour cela que la banlieue m'a intéressé et que j'ai accepté sans hésiter d'y poursuivre et d'y finir ma vie policière. Parce que c'est le lieu où il y a le plus d'injustice. Dans les années quatre-vingt, j'ai habité « Flic City », à Rosny-sous-Bois, une résidence au nom étonnant – « Les Longues-Raies » –, gérée par la préfecture de police de Paris dans laquelle, à l'origine, n'étaient logés que des gardiens de la paix et inspecteurs. Au fil des années la cité a évolué. Les familles ont éclaté – cela arrive même fréquemment chez les garants du maintien de l'ordre ! –, des épouses qui n'avaient plus rien à voir avec la police sont restées sur place, avec leurs nouveaux compagnons, de nouveaux enfants, de nouvelles habitudes. Et, de fil en aiguille, de nouvelles nuisances, comme dans n'importe quelle HLM.

Là où, il y a peu, tout était calme, et où tout le monde vivait comme une petite famille appartenant à la « grande maison », de charmants jeunes gens ont commencé à occuper les halls d'immeuble. Alors un locataire excédé râle, le ton monte. Il jette une casserole d'eau sur les « jeunes ». On lui brûle son paillasson, on met de la m… dans sa boîte aux lettres. Quand, en plus, le « râleur » est gardien de la paix dans le commissariat local, il peut être tenté de profiter de sa position. Juge et partie. Voilà pourquoi je ne suis pas partisan de loger sur place ceux qui sont en charge de la sécurité. Penser le contraire c'est être déconnecté des réalités.

*

Avec quelques voisins, nous avons créé une association de locataires à « Flic City ». Du jamais vu. Succès immédiat. Les locataires se lâchent et nous font part de problèmes de ménage, de gardiennage, de nuisances en tous genres, de leur impression de ne pas être entendus, d'être des laissés-pour-compte. Nous mettons en place des ralentisseurs, des jeux pour les enfants, des balançoires, des toboggans. Nous avons maille à partir avec des durs, dont certains ont d'ailleurs fini dans les fichiers du grand banditisme. Ils ne s'en prenaient pas à « Flic City » en tant que tel, mais se sont installés et ont pris leurs habitudes comme n'importe où ailleurs avec l'envie, petit à petit, de se payer du « keuf ».

Mes ennuis ont commencé avec un dénommé H., camé jour et nuit et faisant régner sa loi. Un dur, sans peur. Parmi ses « exploits », il avait retourné, avec sa bande, la bagnole du chauffeur du commissaire de Rosny-sous-Bois !

Un soir, en rentrant du 36, je le vois moteur hurlant dans les allées de la cité. Je décide d'intervenir avec ma voiture banalisée de service, plaque police sur le pare-soleil. Il joue les fiers-à-bras et, devant ses copains, me lance un « Casse-toi » se passant de tout commentaire.

Que faire ? De la pédagogie ? Peine perdue.

Peu après, j'échappe de justesse à un guet-apens en partant un matin en mission pour la crim' avec ma valise. Arrive H. avec un sbire en voiture. Ils me voient sur le trottoir, stoppent et font marche arrière. Je n'ai dû mon salut qu'à l'arrivée des deux collègues qui venaient me chercher.

Je l'ai perdu de vue, mais j'ai appris plus tard qu'il avait alterné les sorties et les entrées en prison avec son frère. Ils ont très mal fini, H. est fiché à vie dans le gotha du banditisme.

Nous avions également des soucis avec un jeune minot d'origine portugaise, collé à la bande de « sauvageons » qui nous pourrissait la vie. Dès qu'arrivait une patrouille pour l'interpeller, il hurlait à tout va en brandissant sa carte d'identité comme bouclier : « Je suis mineur, je suis mineur ! »

*

Au moment le plus tendu de la situation à « Flic City », nous avons dû alerter la presse. Ce qui nous valut une pleine page dans *Libération*, ce qui avait ému l'ex-grand flic Robert Broussard, alors directeur central au ministère de l'Intérieur.

Aucune compassion à attendre du commissariat local :

— Débrouillez-vous, vous êtres flics après tout.

C'est donc un peu à « Flic City », déjà, que je m'étais rendu compte que les « grosses » affaires faisaient l'objet d'un traitement. Toujours. Mais pas les « petites ». Les quotidiennes, celles qui font ou défont la vie. À qui la faute ?

Du 75 au 93, j'en ai pas mal vu, c'est vrai…

Je vais vous raconter tout ça !

4
Moi, j'aimais le foot

— Pasqualini ? Vous êtes corse, non ?

Combien de fois ai-je eu droit à cette phrase, mi-question mi-affirmation. Il ne faut pas se fier aux consonances : je ne suis pas corse, mais niçois. Je suis né à Nice, mes parents sont nés à Nice ; j'y ai vécu mon enfance, mon adolescence et ma jeunesse, et je n'ai jamais cessé d'y retourner, ne serait-ce que pour voir ma mère.

*

L'enfance est banale, heureuse, je suis fils d'un ouvrier devenu maraîcher à la suite d'un licenciement. D'un homme qui avait travaillé durant trente ans dans une fabrique d'huile et de savon, un ancien prisonnier de guerre, marié sur le tard avec une fille de paysan. Il avait été capturé en 1940 du côté d'Évreux sur un champ de bataille. Comme il travaillait la terre, il a eu la chance d'être affecté dans un camp de travail. Il a tenté de s'évader, à cheval. Un peu comme Fernandel dans *La Vache et le Prisonnier* mais, contrairement au film, lui a été repris au bout de quelques jours. Ma mère, à peu près à la même période, est allée voir une voyante qui lui a prédit un mariage après la guerre avec un captif s'étant enfui sur… un cheval blanc ! Drôle de coïncidence. Prisonnier cinq ans après deux années de service militaire, mon père disait souvent : « J'ai donné sept ans de ma vie à la France. »

*

J'ai grandi dans un quartier au doux nom des Grenouillères car il y avait des ruisseaux et des grenouilles partout. Aujourd'hui c'est un parc à côté de l'aéroport. Puis mes parents ont fait construire une maison, route de Grenoble, mon père a même failli ouvrir une station-service, j'en aurais sans doute été le patron, plutôt que de faire le flic…

Un moment de cette courte vie m'a marqué : À 14 ans et demi, j'ai travaillé sur la promenade des Anglais pour un pompiste. Dès que j'avais un jour de congé, ou même parfois le week-end, par pur plaisir, je me rendais dans cette station Shell afin de distribuer l'essence et réparer les crevaisons. J'ai côtoyé un autre milieu et fréquenté un adulte, mon « patron » M. Duhamel, qui, le premier, m'a fait confiance. Mon premier choc émotif a été l'annonce de sa mort, fauché par le véhicule d'une cliente qui en avait perdu le contrôle. Prévenu par un moyen de fortune alors que j'étais chez moi, je me revois encore enfourcher ma mobylette, pleurant toutes les larmes de mon corps.

J'avais 15 ans, je perdais le premier adulte m'ayant sorti du cocon familial où je venais de vivre une enfance heureuse, sans luxe car il fallait trimer, mais insouciante. Mon père avec sa petite vie, ma mère à qui il avait tout délégué.

*

Bon élève, un peu plus tôt, je passe en sixième ; ce n'est pas anecdotique : pour beaucoup le chemin s'arrêtait là. Certificat d'études, et à 14 ans direction la vie active, l'usine souvent. En troisième, je suis dans la catégorie moyen, donc direction le lycée technique des Eucalyptus, pas le lycée Masséna réservé à l'élite. Je n'ai à cette époque aucune vocation affirmée, j'aimais le foot, voilà tout.

Et pourtant j'avais commencé par le rugby ! En ce temps-là, le rugby niçois n'est pas englué en petites divisions, de grands joueurs sont à Nice, dont les frères Herrero. Chaque année le RC Nice ferraille contre Béziers, Toulouse, Montferrand. Or j'aime le combat, les valeurs de ce sport. Mais voilà, le rugby se joue le dimanche après-midi et j'ai une petite amie dont c'est le seul jour de sortie…

Petit détail, la petite amie deviendra ma femme…

En attendant, je me reconvertis joueur de foot, dans une de ces équipes de copains, sans véritable statut, juste pour s'amuser et courir un peu. C'est pourtant le foot du dimanche matin qui va décider de mon destin. Car j'y tisse des liens étroits avec Jean Perez, un garçon de mon âge, futur grand reporter à *France-Soir*. Mon futur beau-frère vient jouer ; il y a aussi de nombreux pieds-noirs, tout juste rapatriés d'Algérie, comme la famille de ma fiancée. Le dimanche après-midi est réservé à l'OGCN, « le Gym », l'équipe locale, et nous nous retrouvons dans le vétuste stade du Ray promis depuis à la démolition, en tribune sud, dans une ambiance qui n'a plus rien à voir avec celle d'aujourd'hui. Ma future m'accompagne bien sûr, mais elle se moque du ballon et reste sous les tribunes en attendant la fin du match.

*

Notre « équipe » est un joyeux fouillis, un mélange de générations. J'ai 19 ans, nous sommes en 1968 et je ne sais pas très bien ce que je veux faire. Je suis inscrit en IUT, je me dirige vers un travail de technicien, d'ingénieur si je m'accroche. Mais voilà, parmi les joueurs du dimanche, certains sont policiers, et l'un d'entre eux me parle de son métier, du concours d'officier de police-adjoint (OPA), devenu inspecteur depuis. Je n'y comprenais pas grand-chose et étais plutôt attiré par la mécanique, capable de démonter une 2 CV, une Renault 8, une mobylette ou un Solex.

Mais la police ?

Elle recrute, c'est tout ce que je sais. En 1968, dans ces années d'insouciance et de plein-emploi, les policiers ont une mauvaise image après les « événements » ; et le fameux slogan « CRS-SS » est encore dans toutes les têtes. Je me renseigne, à tout hasard, je rencontre même un inspecteur divisionnaire qui me convainc : je m'inscris en faculté de droit et me prépare au concours. La vocation ? Non, jamais. Le hasard et tout au plus une envie de voir les choses de l'intérieur. Pour vérifier *in situ* si les critiques qui pleuvaient sur la « maison Poulaga », aussi drues que les pavés, étaient ou non, fondées.

*

J'avais 19 ans cette année-là. Je n'étais pas en avance mais lisais régulièrement trois journaux. *L'Équipe*, *Le Nouvel Observateur* et *Minute*. Le *Minute* de l'époque que m'avait fait découvrir un de mes amis, d'origine pied-noir, où l'on apprenait alors beaucoup de choses. Et *Le Nouvel Obs*, de l'autre bord, dans lequel, longtemps après, sous la plume d'Annette Lévy-Villard, j'ai lu le seul article sur l'attentat de la rue Copernic à n'avoir pas pris fait et cause, de manière partiale et erronée, pour la thèse d'un acte d'extrême droite défendue par le socialiste Gaston Deferre.

En ce « joli mois de mai » 1968, de Gaulle est traîné dans la boue par des manifestants de plus en plus nombreux. Nice n'échappe pas à la contagion : plus d'essence, des échos de violences lors de manifs venues de Paris, *via* la télévision. Et moi qui me retrouve dans l'une d'elles dans mon propre lycée technique. Enfin, une manifestation, c'est beaucoup dire : pas de vrai leader mais plutôt une nouvelle boum dans l'établissement dont on se dit, vu le contexte, qu'il faut l'encadrer afin d'éviter la venue d'éléments extérieurs au cas où il s'agirait d'agitateurs. C'est mon premier service d'ordre, avec brassard s'il vous plaît, après m'être porté volontaire. J'y trouve un certain pouvoir, celui de ramener à la raison ceux qui voudraient dévier, de les recadrer. Il n'y a rien eu de grave, des bousculades, des cris, mais il a souvent fallu intervenir. Et ce simple brassard me donnait ce pouvoir.

Quand je suis entré dans la police ensuite, j'ai demandé si nous aurions un uniforme. Je n'en voulais pas, mais j'aspirais à venir en aide à ceux qui perdent toute notion des valeurs, petites ou grandes. En voiture, une fois en fonction, avec le « deux tons » (la sirène), j'ai toujours été le premier à l'actionner pour sermonner un conducteur qui téléphone au volant par exemple. Deux ou trois coups secs et il pose son portable. Pas besoin de l'arrêter, juste le remettre dans le droit chemin.

Bref, 68 a été un déclic et, au fil des jours, de manifestation en manifestation, j'ai fini par me retrouver dans un cordon de sécurité. Spontanément. Je me souviens même avoir pris une gifle de mon professeur de sciences, scandalisé de me voir dans un cortège de soutien au général de Gaulle après que j'ai choisi ce camp. « C'est une honte, tu n'as rien à faire là », a-t-il crié.

Drôle d'année pour choisir la carrière policière, non ?

*

Et le foot me direz-vous ? J'ai continué, en étant un joueur très moyen, mais rapide. J'ai été dirigeant, j'ai transmis ma passion pour ce jeu à mes deux fils et à mes petits-enfants. Je parle toujours avec passion du ballon rond avec mon ami Jean Perez. Bien que retraité du service des sports, il a toujours l'œil journalistique et le verbe haut, surtout quand il s'agit de l'OGC Nice !

La boucle se referme : Je travaille aujourd'hui pour la Fédération, on me consulte sur les problèmes de sécurité dans les stades. Comme quoi la police mène à tout !

5

À Saint-Germain-des-Prés

L'écrit du concours est à Marseille, mais l'oral à Paris. Ma mère s'inquiète :

— Là-haut, c'est le pôle Nord, je t'ai acheté un manteau bien chaud.

Inutile de protester, je n'avais jamais franchi la Loire et ignorais tout du « Nord ». Me voilà avec ma valise, gare de Lyon, descendant du PLM (Paris-Lyon-Méditerranée). Je n'ai aucun point de chute, aucune connaissance de la capitale. Alors j'attends dans la file un taxi :

— On va où, patron ?

— Euh… À Saint-Germain-des-Près.

J'ai lâché le nom de ce quartier au hasard, il me parlait.

— Mais où à Saint-Germain ?

— Allez-y, je vous indiquerai.

En fait je n'ai aucune idée de l'endroit où je vais. La voiture démarre, traverse la place de la

Bastille, remonte les avenues, les rues, je regarde et découvre Paris.

— Voilà, Saint-Germain, et maintenant ?

— Laissez-moi ici.

*

Je descends, ma valise à la main, et cherche un hôtel pas cher, au hasard. Peut-être suis-je passé à quelques pas de mon futur premier commissariat, sans le savoir. Un homme me suit, je ne m'en rends pas tout de suite compte. Il m'aborde, je le trouve d'abord bien aimable de vouloir guider le provincial. Mais ses intentions se précisent, il me drague, tente de « lever » un petit jeune. La séduction homosexuelle est une spécialité du quartier, Paris me tend ses premiers pièges. Un peu abasourdi, je rentre dans un hôtel au plus vite, en vérifiant que mon dragueur ne me suit pas.

— Vous avez une chambre ?

Un œil sur ma mise suffit au réceptionniste pour me classer : provincial, jeune, naïf = pigeon !

— Oui, mais je suis désolé, il ne me reste que des doubles.

Ben voyons ! En un tournemain, on empoigne ma valise, il me tend une clef et hop ! Je suis fait aux pattes, je n'ai même pas vérifié si l'établissement correspond à mon budget.

*

Je réussis le concours facilement : du droit bien sûr, constitutionnel, libertés publiques, pénal, peu de questions sur la vocation, l'envie d'être flic, la motivation. Heureusement, car j'aurais eu du mal à répondre.

Concours en poche, certes, mais je ne suis pas pour autant flic : la nation me réclame pour porter l'uniforme militaire. Un an de service à Barcelonnette et à Gap, affublé de la « tarte », le béret large des chasseurs alpins. Seule satisfaction, j'ai échappé à l'Allemagne, cauchemar du Méridional avec ses douze heures ou plus de train.

*

Le 6 septembre 1971, je retourne à l'école, le concours est une porte d'entrée, pas l'obtention directe d'une carte de police. Trois mois de cours à Beaujon, ça paraît léger par rapport à aujourd'hui où la formation se déroule sur un an. Mais elle était moins théorique, on était plus encadré par les anciens, nos professeurs étaient des policiers, pas des universitaires. Et puis il fallait aller vite, la « maison Poulaga » a besoin de jeunes recrues. C'est une constante, la police n'a jamais su planifier ses recrutements. La cuvée 68 n'a pas échappé à la règle. Le ministre de l'Intérieur, Raymond Marcellin, a doublé dans l'urgence les postes mis au concours. La police n'a pas la cote auprès des jeunes et il faut compenser les départs en retraite de la génération enrôlée après guerre. On embauche donc, avec une petite idée derrière la tête : les RG (Renseignements généraux) n'ayant pas vu venir la « chienlit » de mai 1968, un peu plus de policiers ne nuit pas !

À l'école, je suis bien loin de ces considérations, je bosse ! J'avale du droit, de la procédure, je me familiarise avec mon nouvel environnement. Un de mes professeurs m'a marqué : Charles Parra. Les élèves passionnés d'histoire se souviennent du *Malet et Isaac*, ceux qui excellaient en littérature du *Lagarde et Michard*, Pour les apprentis flics, c'est le *Parra-Montreuil* ! Le *Traité de procédures pénales policières* : une couverture grise, des lettres dorées, *Charles Parra-Jean Montreuil, Professeurs à l'École nationale supérieure de police.* 700 pages, un pavé, une bible préfacée par monsieur le ministre de l'Intérieur Raymond Marcellin s'il vous plaît !

Charles Parra ne professe pas, il assène ! Un physique de rugbyman, une voix rocailleuse avec accent du Lot qui résonne et raisonne, tel est le personnage. Sévère, pontifiant, il passait son temps à se citer, nous renvoyant constamment aux pages de son ouvrage. De temps en temps, il partait dans de grandes envolées sur le rugby. Pour lui, une virgule était une virgule.

Mon épreuve écrite, en fin de scolarité, n'a pas été à mon avantage. Je devais rédiger la procédure sur une perquisition après un vol de mobylette. Les annotations sur ma copie sont tombées comme le couperet de la guillotine : « Liste des scellés pas assez détaillée », « On n'écrit pas *une* mobylette, mais *la* mobylette » !

Quand je lis certains procès-verbaux actuels, je repense à Parra : il doit faire la java dans sa tombe !

Un autre professeur était du genre cocasse. Il faisait partie de cette caste d'enseignants adorée par les élèves. Il aimait raconter ses histoires, un petit coup d'« Allez, parlez-nous de… », et c'était parti. Cet inspecteur divisionnaire spécialisé dans la traque des pickpockets nous décortiquait les affaires qu'il avait menées, mais il oubliait l'objet de son cours : les techniques d'enquêtes et les fichiers ! Comme on ne savait rien sur le sujet en sortant de l'École, on a appris sur le tas !

*

L'École est finie, c'est l'heure du choix. Ou plutôt de l'absence de choix pour la plupart d'entre nous. Notre affectation dépend du rang de sortie et je suis dans les très moyens. Pour la majorité d'entre nous, l'idéal est d'obtenir un poste au plus près de notre région, ou dans le Sud, au soleil. La « cérémonie » qui nous intronise policier se déroule au fameux 36, quai des Orfèvres. Quand je passe sous la célèbre voûte, je ne suis pas plus impressionné que ça, surtout préoccupé par l'endroit où je vais atterrir. On se masse à proximité du bureau administratif de la PJ, dans un vague couloir où l'on nous distribue des questionnaires. Déception : 80 % des postes offerts sont en région parisienne ou dans le Nord. Le major de la promo se jette sur l'unique commissariat sudiste : Toulouse.

— Il faut un volontaire pour le bureau administratif.

Dans un ensemble parfait, nous avons tous regardé nos chaussures. La paperasse ? Non merci.

Quand arrive mon tour, j'inscris Paris, PJ-PP (police judiciaire-préfecture de police). Pourquoi Paris ? Parce que je commence à m'attacher à la ville et que j'y possède un atout : mon ami Jean Perez. Après son échec au bac, Jean a débarqué dans la capitale. Son père, journaliste à *France-Soir*, ne lui a pas laissé le choix :

— Tu montes à Paris et tu bosses au journal.

Jean est devenu journaliste, a travaillé trois ans sans un jour de congé, tout fait, photocopies, café, courrier. Il accomplira le tour du monde pour le service des sports. Grâce à son père, j'ai rencontré une grande figure du journal : Lucien Pichon, le spécialiste des faits divers. Pichon, qui hante les couloirs du 36, m'a dégrossi. Il me détaille le fonctionnement de « sa » PJ, les brigades territoriales, les commissariats, le prestige du 36, quai des Orfèvres. Il m'a fait l'article, mais ça ne m'impressionne pas plus. Enfin, Paris je connais un peu, alors va pour la capitale, au moins je pourrai jouer au foot avec Jean, comme à Nice.

— Pasqualini, commissariat de Saint-Germain-des-Prés, 14, rue de l'Abbaye.

*

Elle est bien bonne celle-là ! Je me retrouve dans mon premier quartier parisien, un dieu administratif et policier m'a fait une bonne blague. Mais, si l'on m'avait dit Pigalle, la Goutte-d'Or ou autres lieux mal famés, je n'aurais pas eu plus de réaction.

J'ai le souvenir précis d'une certaine insouciance. L'insécurité, les violences, les meurtres, les bombes, nous n'en parlions pas comme maintenant. Et flic était un métier respecté, malgré Mai 68. Lorsque je retournai à Nice, tout le monde dans mon entourage était chapeau bas. À l'armée, le fait d'avoir réussi le concours me valait déjà tous les égards, même si je ne portais pas l'uniforme comme mon futur beau-père, qui était en tenue, gardien de la paix. Sa femme avait intérêt à faire les plis de sa chemise à l'équerre, sinon gare aux réprimandes. Rentrer seul en tenue dans sa cité, aujourd'hui, l'exposerait au mieux à des quolibets, au pire à des caillassages. Ou au lynchage pur et simple. Triste constat.

*

Pas le temps de traîner, on me remet mon « paquetage de flic ». Un revolver, une paire de menottes, un plan de Paris, une médaille et une étrange clé carrée. Un inventaire à la Prévert, une charade :

Mon premier est de marque Unic, un pistolet automatique de calibre .7,65 assorti de son chargeur qu'il fallait immédiatement glisser dans sa poche et non dans l'arme afin d'éviter tout accident.

Mon second n'a pas changé et se dit aussi dans notre jargon les « pinces », les « canettes ».

Mon troisième est le « bitumard », l'indicateur des artères de la capitale. Il était de couleur bleue et censé nous aider à renseigner les passants et nous guider. Un simple plan de Paris, par arrondissements, avec les adresses de la cinquantaine de commissariats.

Mon quatrième est la médaille de la police, celle de la PP, – un État dans l'État, une institution à nulle autre pareille ayant tous les pouvoirs dans la capitale –, un insigne. Le préposé à la remise de ces attributs avait joué des épaules en la remettant.

— Ne vous en séparez pas, présentez-la chaque fois que vous intervenez. Si vous la perdez c'est une faute, gare à la sanction disciplinaire.

Elle était (elle a aujourd'hui disparu) notre marque de fabrique, attachée à une chaîne, et permettait au quidam de reconnaître de suite le gardien de la paix de son quartier, ceux que nous nommions entre nous les « bourgeois » et qui, en civil, contrôlaient les débits de boissons, la petite délinquance, les types un peu louches. Je ne m'en suis pratiquement jamais servie, sauf une fois quand je l'ai d'ailleurs perdue, ce qui m'a valu une audition administrative, un avertissement, après une remontée de bretelles de mon supérieur.

Mon cinquième est une clé, le sésame pour ouvrir, sans briser la glace comme devait le faire un quidam, les avertisseurs d'appels urgents directement reliés au commissariat central d'arrondissement, qui ont maintenant disparu corps et âme.

Mon « tout » fait de moi un policier nanti de la fameuse carte tricolore qui me servira, elle, dans tous les cas, pour décliner ma qualité. J'ai rarement utilisé la médaille et j'ai sorti mon arme de service plus d'une fois mais sans jamais être amené à faire feu. Je me souviens avoir couru après un malfaiteur à Pigalle, une nuit, pistolet en main, car nous avions entendu une détonation. L'idée de tirer en l'air m'a brièvement effleuré, et j'y ai renoncé par crainte de toucher un passant, un innocent fumant une cigarette sur son balcon. Dans la plupart des cas, la vue d'une arme à feu suffisait alors à dissuader. On ne peut plus en dire autant de nos jours. Elle est devenue un aiguillon. Particulièrement en banlieue.

*

En tout cas mon premier poste a un avantage :

— C'est tout près, vous pouvez même y aller à pied !

Pas le temps de respirer, j'y vais. Je sors donc, repasse sous la voûte et franchis le Pont-Neuf à pied pour me présenter à mon poste…

Pour moi un commissariat, c'est une grande bâtisse, avec un drapeau tricolore et des voitures de police prêtes à partir garées devant. En tout cas, c'est ainsi qu'était le commissariat central de Nice, ma seule référence. Or, lorsque j'arrive 14, rue de l'Abbaye, il n'y a rien de tout ça. Juste une bâtisse, anonyme et froide avec une petite plaque. Pas de lumignon bleu « POLICE », pas de voitures noires et blanches, pas de drapeau.

— Le drapeau ? On ne le met plus, on nous les vole !

Encore suis-je chanceux : mon camarade Christian Naigeon, affecté aux Batignolles, n'avait, lui, pas trouvé de commissariat du tout. Le poste avait déménagé trois mois auparavant et on avait oublié de lui donner la nouvelle adresse ! Aujourd'hui il en rigole et raconte que sa première affectation fut une maison close.

*

Ça part mal, non ? En tout cas, je ne me pose pas trop de questions, je suis à deux mois de me marier, ayant pour unique préoccupation le nombre de jours qu'allait m'accorder ma nouvelle administration pour l'événement.

Je dois vivre ma première journée de flic dans ce commissariat de police judiciaire de quartier. Le commissariat était situé à l'ombre de l'abbaye de Saint-Germain pour ceux qui connaissent ce quartier historique de Paris, dans la petite rue du même nom. Des fenêtres grillagées, une lourde porte en bois donnant sur un guichet faisant office d'accueil.

J'entre.

Il y a là Germaine, agent administratif, et Roger, gardien de la paix. Bienvenue. Et tout de suite le bureau du commissaire principal Gilles Légo. Une pointure, une figure qui n'a pas eu une carrière à la hauteur de ses compétences, en raison sans doute d'une trop forte personnalité. Il avait longtemps exercé à Pigalle et venait d'être nommé à Saint-Germain-des-Prés pour y remettre un peu d'ordre.

— Vous êtes le quatrième inspecteur, il y a quatre secteurs, vous prendrez celui de Mazarine-Dauphine.

Bien patron ! L'accueil est cordial. Quand je songe à lui, je ne me peux m'empêcher d'y associer l'image de Philippe Bouvard, l'inusable animateur des *Grosses Têtes*. Même tête ronde, de petite taille, de plus homme d'esprit, atypique. Ce flic est vieux garçon. Il vit avec sa mère, il dispose d'une fortune personnelle et déteste manger seul. Tous les jours, il déjeune avec un inspecteur et au moment de l'addition, le commissaire divise la note de manière très personnelle : l'inspecteur n'a plus que le franc symbolique à régler.

Il a connu plusieurs commissariats, possède une plume fabuleuse, maîtrisant un français châtié, et une immense culture. Il est exigeant mais toujours très respectueux. Mon premier patron est un sacré bonhomme !

Refusant la voiture de service et l'usage abusif de la sirène et du gyrophare, il vient chaque jour au commissariat avec son auto, depuis Rosny-sous-Bois. Le patron prend sa permanence, une nuit sur deux, sans rechigner ni se défausser sur un subalterne.

*

Je découvre les petites « grattes » dont bénéficie un commissaire de quartier. Administrativement nommées des « vacations », elles arrondissent les fins de mois : les commissaires doivent assister les huissiers. Par exemple lors d'une expulsion ou d'une saisie, l'assistance de la police était obligatoire pour accompagner l'homme de loi et parer à tout incident éventuel. La « corvée » était alors bien rémunérée. Chaque acte était rétribué, et certains patrons empochaient des enveloppes conséquentes, variables selon que vous étiez affecté dans un quartier de personnes âgées, de pauvres hères, ou de riches bourgeois comme Saint-Germain-des-Prés. Pour les obsèques, c'était pareil : toute mise en bière nécessitait également la présence du commissaire ou de son représentant pour la pose des scellés lors de la fermeture du cercueil.

Pudiquement, ces actes officiels s'appelaient des vacations et avaient lieu durant le temps de travail. Elles échappaient à l'impôt et rapportaient souvent autant que le salaire. De 300 à 500 francs (environ 45 à 75 euros) l'expulsion, faites le compte par vous-même ! Se sont ainsi créées de vraies baronnies à Paris ou dans des villes de province comme Nice ou Saint-Tropez, repaires de seniors argentés. Certains commissaires choisissaient ainsi les cités les plus juteuses : celles où l'on trouve de nombreuses HLM, des hôpitaux et des maisons de retraites bien garnies.

Gilles Légo, lui, partageait. Tout, y compris la rémunération de ses déplacements nocturnes. En

1995, il a été mis fin à ces petits arrangements entre amis ; l'argent récolté alimente désormais un « fond de concours et d'attribution » au ministère de l'Intérieur, les commissaires n'en « croquent » plus ! Comme me le disait en riant jaune mon camarade de promo Naigeon : « En clair plus le commissaire s'occupait de son service et du suivi des enquêtes, moins il était payé. »

*

Je découvre également mon bureau, ou plutôt mon réduit : je suis cantonné avec deux collègues dans une pièce qui sert d'accès aux toilettes et au bureau du fond occupé par l'antenne de la brigade territoriale (BT), la 5e BT de la PJ, compétente sur plusieurs arrondissements. J'ai plus l'impression d'être une sardine qu'un inspecteur de police. D'ailleurs lorsque je me mets à ma machine à écrire, une grosse Olympia au bruit infernal, je bloque la porte des W.-C. !

Je découvre aussi une vie de flic avec ses servitudes, ses fichiers : ceux des débits de boissons, des aliénés et des hôtels. Le deuxième, celui des fous, m'a toujours frappé. Nous savions exactement qu'à telle adresse il y avait une personne avec des problèmes ou antécédents psychiatriques, signalés par le corps médical, qu'il fallait parfois conduire à l'Infirmerie psychiatrique de la préfecture de police (IPP). Ils faisaient tous l'objet d'une fiche et d'un suivi. Fini tout cela : tout le monde est dans la nature, impossible de savoir si Untel a déménagé même en interrogeant la concierge, comme nous le faisions. Votre voisin peut être schizophrène et personne ne le sait, surtout pas le commissariat. Vu le nombre de détraqués prêts à sortir une arme – dont on apprend au passage qu'ils sont ou ont été suivis par un psy –, pourquoi ne pas remettre ces fichiers dans le circuit ?

Je découvre enfin des endroits et des gens plus amusants. Comme Roger la grenouille, propriétaire d'un de nos repaires gastronomiques. Il donnait une paire de jumelles pour lire la seule carte dressée sur un tableau noir à l'extrémité de l'établissement. Avec son physique à la Jean-Pierre Coffe, il accueille également tous les SDF du quartier.

Ou Jean-Marie Rivière, qui nous invite aux représentations de son cabaret, *l'Alcazar*…

Ou François, un Corse, inspecteur déplacé à six mois de la retraite du commissariat de la Goutte-d'Or car soupçonné de corruption. Il me dit un jour :

— Tu sais petit, je n'ai jamais pris un repas au Rat Mort depuis 1948.

Il faut dire que ce surnom évocateur était celui de la cantine de la préfecture de police !

*

C'est à Saint-Germain que j'ai appris mon métier, c'est aussi là que ma vie a basculé.

6
Carlos

— Y a-t-il du monde dans la cage ce matin ?

C'est un rite, une sorte de « que nous réserve cette journée ? » en langage policier. Le commissaire Légo pose cette question chaque fois en arrivant. La cage, c'est la cellule où l'on colle tout ce qui a été « ramassé » dans la nuit : prostituées, clochards, ivrognes, bagarreurs…

Gardes à vue, procédures ou simple « coup de pied au cul » avec renvoi sur le pavé germanopratin : tout dépendait de la gravité du délit ! Notre quotidien consiste à traiter des affaires de coups et blessures, des abus de confiance, des chèques sans provision ou dérobés, vols en tous genres, bagarres, accidents de la circulation, rixes de boîtes de nuit, enquêtes décès… Du petit judiciaire et beaucoup de procédures. Place Saint-Michel, le seul café ouvert jour et nuit nous donne du grain à moudre : pratiquement tous les week-ends une bagarre et autant de paperasserie et d'enquête. Le patron, Matesco, un « pays », un Niçois, est un supporter de l'OGC, comme moi. Mais ses serveurs ont un peu trop tendance à user du nerf de bœuf pour calmer les excités !

Le reste du temps, je fais un peu de voie publique, du « saute-dessus ». Mon territoire, c'était le drugstore Saint-Germain-des-Prés qui grouille de voleurs à l'étalage semblables à ceux qui sévissent à la librairie Joseph Gibert, notre meilleur client. De temps à autre, nous rendions visite à certains bouquinistes qui exposent sur les quais des ouvrages sur la couverture desquels figuraient des filles en petite tenue. Cela s'appelait un outrage aux bonnes mœurs, sévèrement réprimé en théorie. Mais le plus souvent « l'affaire » se terminait par :

— Allez, retirez-moi ça de l'étalage !

Dans ce quartier mes « ouailles » étaient des chefs d'entreprise, des personnalités, des acteurs, des éditeurs. François Mitterrand, par exemple, faisait partie de mes « administrés », il habitait alors un appartement loué au Vatican.

Il y avait aussi des gens moins fréquentables, de la misère humaine, comme ce clochard qui échouait périodiquement dans la cage, puant, bourré, à bout. Il se nommait Léon, Léon Smet… Il avait un fils, un certain Jean-Philippe !

*

Je me passionne pour mon métier, je l'apprends avec enthousiasme, malgré la lourde paperasserie qui me prend pas mal de temps…

Et de transpiration sur cette maudite Olympia ! Le 15 septembre 1974 aurait pu être un jour ordinaire ! Il fait beau, l'été traîne un peu, les terrasses de Saint-Germain sont pleines. C'est dimanche, je suis de permanence, je regarde le ciel bleu en soupirant. La radio, insignifiante jusqu'alors, se réveille :

— Découverte d'un corps, secteur Notre-Dame-des-Champs.

Comme d'habitude, il n'y a pas de voiture de service disponible, mais ce n'est pas loin ; avec mon collègue du dimanche, Loïc Serpette, nous y allons à pied. Un car de police secours est arrêté devant une entrée d'immeuble. L'histoire est tragiquement banale : des voisins ont alerté la police, une terrible odeur provient de la loge, ou plutôt de l'appartement-couloir de la concierge. Nous ne pouvons que constater la fin tragique de la « bignole », morte depuis quelques jours à la suite d'une hémorragie. Le sol est maculé de sang. Affaire classique, routinière, le décès semble naturel. La pauvre femme n'avait pas envisagé de finir sa vie dans la rubrique des faits divers qu'elle dévorait tous les jours. La procédure, cette chère béquille du policier, est classique : nous embarquons le cadavre dans ce bon vieux véhicule Citroën le Tube (du feuilleton télévisé *Louis la Brocante*), et direction l'IML (Institut médico-légal), la morgue, pour autopsie.

Je réalise qu'il nous manque l'ordre d'envoi, le document officiel pour le transfert du corps, et me tourne vers le chauffeur du fourgon :

— Vous passez par le commissariat, je taperai le formulaire à la machine en vitesse.

En route ! Soudain la radio crépite, le chef de bord prend l'appel :

— Ici Central. Rendez-vous au *Drugstore Saint-Germain*, il y a une bagarre et de nombreux blessés.

— Impossible, nous avons un corps pour l'IML.

Il se tourne vers nous :

— Marrant, à cause de votre détour, on va passer devant le *Drugstore*.

Rue de Rennes, des gens courent dans tous les sens, le car ralentit, mais ne s'arrête pas, on nous entoure, des cris fusent :

— Arrêtez-vous, il y a des morts.

Je descends. Un homme me hurle dessus :

— Il y a une bombe, une bombe, une bombe…

— Nous sommes obligés de continuer notre route, nous transportons un cadavre…

Mon réflexe réglementaire s'efface vite devant le spectacle affreux : traces de sang, du verre partout. En fait nous sommes, par hasard, arrivés les premiers sur le lieu d'un attentat. J'entre sur le côté, longe une pharmacie fermée. J'aperçois le corps d'un gamin à terre baignant dans son sang. Affolement général. Mort, pas mort ?

Nous sommes loin de la bagarre annoncée. Mon cadavre file sans moi vers la Morgue, j'ai autre chose à faire !

*

C'est un premier attentat à Paris, le premier d'une longue série puisant sa source dans les conflits du Moyen et Proche-Orient qui va aller crescendo au cours des décennies suivantes et ensanglanter la France. Pendant des années, on pensera qu'il a été signé par Carlos – la justice tranchera en sa faveur en 1999 en accordant un non-lieu à cette affaire –, le célèbre Carlos qui croupit depuis en prison, faisant les beaux jours du cinéma et de la télévision où il fait figure de – triste – héros. Deux morts, trente-trois blessés dont deux enfants, « Atroce », ce sera le titre de *France-Soir* !

*

Atroce, c'est ce que je ressens quand je monte dans la seconde partie du *Drugstore*, dans la rotonde, d'où la bombe, une grenade en réalité, a été jetée. Il n'y a quasiment plus personne, hormis les blessés. Un homme se présente à moi, se dit médecin. Il n'a pas de trousse et veut accéder à la pharmacie dont l'envie me vient de forcer la porte en verre pour ne pas demeurer impuissant comme lui. Je juge plus sage de foncer au commissariat, à deux pas, pour prévenir et organiser les secours. Je surgis dans le bureau du patron :

— Une bombe, patron, au *Drugstore Publicis*.

Légo ouvre son coffre, prend son arme et me suit, les secours arrivent progressivement, pompiers, police, sirènes. Je réussis à obtenir qu'un cordon de sécurité se forme pour repousser les badauds de l'autre côté du boulevard Saint-Germain. Un violent orage éclate, comme le jour de la fusillade de la rue du Docteur-Blanche le 14 janvier 1986 à laquelle je serai confronté plus tard. Étrange coïncidence mais cette mauvaise condition météorologique se révèle parfois un allié ; elle fait fuir les curieux même si, revers de la médaille, elle efface également les indices.

Mon chef se précipite vers un escogriffe qui, armé d'un balai, tente de nettoyer « notre » scène de crime. L'inconscient est une figure connue du show-biz :

— Je vous demande de cesser immédiatement, vous êtes fou, il y a des morts, c'est un crime…

— Ben j'essaye juste d'effacer le sang, c'est pour rendre service.

— Je vous intime l'ordre de stopper !

— Mais c'est pour éviter que tout le monde voit cela, c'est pas beau…

— Stop, stop ou je vous fais arrêter !

En maugréant, l'idole range son balai. Le lendemain je fais un bond en lisant sa version dans le journal : « Je sortais du *Drugstore* quand l'explosion s'est produite. Une déflagration énorme suivie immédiatement d'un spectacle horrible. J'ai vu un gosse s'écraser devant moi sur le trottoir, couvert de sang, la main arrachée. Alors je n'ai eu qu'une pensée : trouver du secours. Un car de police passait sur le boulevard. Je me suis précipité comme un fou devant son capot. Je hurlais. J'essayais d'aider, de soulager. Il y avait du sang partout, on allongeait les blessés sur des chaises à la terrasse de *Lipp*. C'était atroce. Et je suis tombé dans les pommes, mon vieux, dans les pommes… » Pauvre type !

*

Aujourd'hui la télévision vous explique que les « experts » sont des gens formidables, capables de résoudre un crime en partant d'un poil intime, ou d'une crotte de nez. Mais à l'époque, ce n'était pas vraiment ça. Le service de l'Identité judiciaire (l'IJ) intervenait sur les enquêtes décès pour prendre des photos, tracer le plan de la pièce, mais les empreintes, les « paluches », étaient seulement relevées sur des affaires importantes ou sensibles, comme cet attentat.

Nous faisions le boulot à la main. Sans gants. Toute l'enquête reposait sur le procès-verbal de constatations. Pas de police scientifique, d'experts. Il y a une anecdote célèbre de ce point de vue, révélatrice de la faiblesse de nos services : un chapeau avait été photographié sur un meurtre et avait intrigué les enquêteurs. On a mis longtemps à se rendre compte que c'était celui du directeur de la PJ venu sur les lieux ! De plus l'IJ n'était pas un service « noble », mais le refuge de tous les tricards. Entre nous, on disait de ses techniciens qu'il leur fallait « une lessiveuse de sang pour établir un groupe sanguin ».

*

Mais revenons à notre attentat. Au fur et à mesure, tout le monde est sur place, du plus petit au plus grand, à commencer par le préfet de police, Jean Paolini, ou le P-DG du groupe Publicis, Marcel Bleustein-Blanchet. Il y a un cratère de quinze centimètres à l'endroit où la grenade a été lancée, des gravats, du verre, du sang mêlé à de la boue et de la sciure. Des chaussures de femme, d'enfant. Du sang, encore du sang.

Le commissaire Légo me regarde, sonné par cette scène, professionnel, désireux de faire au mieux, au plus précis :

— Comment vais-je pouvoir décrire ce carnage dans mes constatations ?

— Inutile de matérialiser tous les impacts, il faut parer au plus urgent, au plus court, le plafond est criblé d'éclats. On ne voit rien.

Deux femmes m'interpellent :

— Monsieur, on a vu des choses, un gars qui a jeté la bombe.

Je me fige. Juste le temps de mesurer en un éclair l'importance de ce témoignage. Je les emmène au service, conscient, malgré l'affolement et le stress, de tenir quelque chose de solide, du concret. Un halo de lumière dans un monde qui part en vrille en ce dimanche de fin d'été, à quelques pas des terrasses de mon fief, *Lipp*, *Les Deux Magots*, Le *Café de Flore*, bondées de touristes insouciants et de nostalgiques de Sartre, Boris Vian, Juliette Gréco ou Sydney Bechet.

*

Je réquisitionne l'unique bureau digne de ce nom du commissariat, celui de l'inspecteur principal, avec deux fauteuils en simili cuir fatigué, ou plutôt en skaï, ce skaï administratif si typique et reconnaissable entre tous. Mes deux témoins racontent :

— On était au premier étage, à la rotonde, il y avait un homme à côté de nous. Il a jeté quelque chose qui a explosé immédiatement.

— Vous pourriez me le décrire ?

— Il était de type méditerranéen.

Dans mon esprit, tout s'accélère. Il y a cette flamme difficilement descriptible, ce déclic de l'enquêteur qui avance à pas feutrés mais sûrs vers un commencement d'explication à l'inexplicable. C'est la première fois que je le ressens. Je me mets à ma machine à écrire. Et je tape. La porte s'ouvre soudainement sur deux collègues.

— Bonsoir, c'est la crim', nous sommes saisis de l'affaire, nous emmenons les témoins chez nous.

Je bafouille :

— Mais, attendez, je viens à peine de débuter l'audition.

— Laisse tomber ; de toute façon, nous allons tout reprendre. Allez, salut !

C'est mon premier vrai contact avec la brigade criminelle, les cadors, ceux qui sont saisis en priorité des affaires les plus énigmatiques, mystérieuses, sensibles ou d'État.

7
La crim'

La brigade criminelle, j'en rêve. Je sais qu'on n'y rentre pas d'un claquement de doigts, qu'il faut être remarqué, coopté. Je ne me vois pas finir en commissariat, dans la routine et l'usure. Comme un gosse devant un nouveau jouet, je veux bouger, aller plus haut, me frotter aux meilleurs. Car la crim' c'est le top !

Alors je tente le coup. La filière « corse » : mon beau-père connaît un policier des Renseignements généraux (RG), Pauli, lui-même ami avec un chef de groupe de la criminelle, un nommé Gallois. Je le rencontre au 36, je fais passer le message, puis j'attends. Un jour de 1976 je suis convoqué au 36, au 3ᵉ étage, bureau 305.

— Alors comme ça tu veux venir à la crim' ? On a pris ton dossier au bureau administratif, tu es intéressant, le patron veut te voir.

*

Ce bureau, c'est l'état-major de la criminelle, le royaume des OPP-Crayons. Ces officiers de police principaux sont ainsi surnommés car, armés de leurs crayons, ils établissent les tableaux de service, mais ils sont la cheville ouvrière de la brigade, tout passe par eux. Je suis comme un gamin à son premier rendez-vous, dans mes petits souliers. Je jette un œil sur la porte du 315, le bureau du patron, celui immortalisé par Simenon dans ses Maigret.

Un homme s'encadre dans la porte, un grand type, au regard bleu acier. Oh j'ai bien conscience que le grand flic aux yeux durs, ça semble un cliché, mais c'est ainsi. Je le reconnais immédiatement : Pierre Ottavioli, chef de la crim', le patron. Les grands flics font alors la une des journaux, les juges ne leur ont pas volé la vedette, et « Otta » est une star. Il me pose quelques questions anodines, tout en me fouillant du regard, puis il tourne les talons :

— OK, à bientôt…

Je repars vers mon « petit » commissariat, les pensées se bousculent : ai-je fait bonne impression ? Vais-je leur plaire ? Un vrai fiancé lâché dans la belle-famille. Y aura-t-il un mariage ou le père s'opposera-t-il à cette union ?

La réponse vient dès mon arrivée, de la bouche de mon patron, Gilles Légo :

— Alors Pasqualini, vous nous quittez pour le 36 ?

— Ah, vous êtes déjà au courant ?

— Oui, le sous-directeur vient de m'appeler pour m'informer de votre mutation.

Je sens Légo partagé entre le dépit de me perdre, ce qui me flatte, et la fierté de voir un de ses hommes partir pour la Roll's du 36. En ce mois de septembre 1976, je ne suis qu'un simple inspecteur venant de passer avec succès le concours de principal mais pas encore nommé à ce grade, ancien agent de police judiciaire (APJ) non habilité à placer des suspects en garde à vue. Et me voilà propulsé, aspiré par la célèbre brigade criminelle, celle du commissaire Maigret.

Je ne le sais pas, mais je bénéficie d'un coup de chance : Pierre Ottavioli a fait le ménage à la criminelle. Il a secoué le vénérable service, en mutant d'office des policiers enfoncés dans la routine ou peu efficaces. De jeunes commissaires comme Claude Cancès (futur directeur du 36), Patrick Riou ou André Bizeul ont été intégrés, des inspecteurs suivent le mouvement. Je suis donc un de ces nouveaux visages voulus par « Otta ».

Finalement, entre la crim' et moi, il y a bien eu mariage !

*

Plantons le décor, visitons ce mythique 36 :

La crim', on y accède par le porche qui fait une vingtaine de mètres et donne sur la Seine. En bas, une cour pavée utilisée comme parking par les directeurs et les chefs de brigades centrales. Il faut se diriger sur la gauche vers l'escalier A. Une large porte vitrée, de couleur grise qui résiste à l'usure du temps, immuable. Entreprendre la montée des marches en lino noir au nombre de 145, aussi célèbres que celles du Palais des festivals de Cannes, empruntées par le gratin du banditisme, mais aussi par beaucoup de gens de la « jet-set », des « people » comme on dit aujourd'hui, ou des victimes, anonymes ou célèbres comme Stéphanie de Monaco, Jean-Edern Hallier ou même François Mitterrand durant l'affaire de l'Observatoire. Et de toutes origines.

Au deuxième étage, après un demi-palier desservant le Palais de justice, fermé la nuit mais bien pratique pour nous quand nous nous rendons dans les bureaux des magistrats, l'état-major. Depuis quelques années, a été instauré un contrôle à ce niveau auparavant ouvert à tous vents jusqu'à ce que des membres d'Action directe nous fassent prendre conscience des lacunes dans notre sécurité. L'un des artificiers, Max Frérot, a fait sauter une bombe dans un autre service situé quai de Gesvres, la brigade de répression du banditisme (BRB), tuant un policier remarquable, Marcel Basdevant. Nathalie Ménigon, elle, a failli sauter du troisième étage par la mezzanine qui donne sur le second. Elle a été rattrapée par le fond de son pantalon et par un inspecteur. Il existe, depuis, un filet de protection. Plus récemment, Richard Durn, qui avait décimé le conseil municipal de Nanterre, s'est tué en passant par un vasistas durant sa garde à vue. Les fenêtres étroites et peu sûres ont été renforcées mais comment sécuriser un lieu classé

Monument historique aux murs épais où il fait trop chaud l'été, froid l'hiver ?

Au deuxième, c'est le saint des saints, le bureau du directeur, là où on se fait engueuler ou féliciter, suivant l'humeur !

Au troisième, c'est la crim'. Il faudrait un jour, pour le plaisir, mesurer les bureaux, car nous étions souvent entassés dans des espaces confinés, laissant peu de place à l'improvisation, où chaque pas était compté. C'était le règne de la débrouille. Pour tout, y compris et surtout pour le matériel, souvent récupéré grâce à un collègue qui avait des accointances çà et là, et nous permettait de nous approvisionner à moindre frais en bureaux, papiers, lampes, stylos, etc. Nous étions sous les combles, littéralement, avec le bruit de la Seine, ses bateaux-mouches, ses touristes en arrière-fond, à deux pas de Notre-Dame et du Pont-Neuf. Avec, aussi, des vasistas pour toute aération. Un vrai cadre de cinéma, et les épisodes de Maigret des années soixante, à la télévision notamment, n'ont rien inventé de ce point de vue.

*

J'y pénètre avec inquiétude car j'ignore tout de son organisation et de son fonctionnement. C'est un grand saut dans l'inconnu. Je vis mes premières heures à la crim' et j'ai peine à réaliser que j'appartiens à ce grand service. Les formalités vont vite, je quitte le bureau des OPP-Crayons pour gagner celui de mon groupe.

La brigade criminelle est affublée de bien des surnoms : le Rouleau compresseur, les Seigneurs du 36, les Petits Marquis… Je me retrouve l'un des rouages d'une machine de guerre, divisée en onze groupes (douze aujourd'hui, dont trois pour le terrorisme). Chaque groupe est composé de six personnes, en tant que « bleu » je suis le sixième. Que je sois inspecteur principal ne change rien à l'affaire ! Je suis un « bizut », à moi les joies des photocopies, de la nourriture des gardés à vue, du plein d'essence pour les voitures de service. Petit à petit le sixième passe cinquième, puis quatrième, etc.

C'est rigide, mais ça me convient ! La crim' n'est pas surnommée pour rien « la Brigade des costumes » : le jean santiags est pour nos camarades de l'antigang ou des stups, nous, c'est costar-cravate ! Logique : la crim' intervient dans tous les milieux, des cités HLM sordides aux allées du pouvoir en passant par les duplex du XVIe ou de Neuilly. D'ailleurs, le matin, les OPP-Crayons se plantent devant leur bureau et ne loupent personne :

— Eh là, tes cheveux ! Allez hop, chez le coiffeur !

Inutile de protester, même en 1976 la crim' c'est le costar et les cheveux courts !

*

La crim' est à part, elle frappe l'imagination par les affaires qu'elle traite : que le meurtre soit évident ou résolu très facilement et c'est le commissariat, la brigade territoriale (devenue DPJ) qui s'en occupe. Mais si l'affaire s'annonce difficile, la victime une personnalité, c'est pour le 36 !

Je suis affecté au groupe Mifsud, du nom de son chef, François Mifsud, dit le « Commandant ». Officier réserviste, il effectue régulièrement des périodes militaires. Je me souviens du troisième de groupe, Jean-René Pick, dit « Néné », aujourd'hui disparu. Pas très grand, physique rond, jovial, un roi de l'enquête de voisinage à qui aucune concierge ne refusait ses confidences. Il pouvait rester quatre à cinq heures dans une loge pour discuter du canari ou du chat afin d'arriver à l'essentiel. Il était né pour cela.

Nous sommes six dans le bureau où je suis affecté, très à l'étroit, et je me retrouve près de la porte. Grandeur et misère du 36 dont l'ancien directeur, Claude Cancès, dira plus tard, pour excuser cet anachronisme, que « ce ne sont pas les pierres qui font la mémoire des lieux mais les hommes ». Je commence à ouvrir mes oreilles et mes yeux, je me nourris de tout ce qui fait mon quotidien.

*

D'abord le système de permanence. Il est si complexe à expliquer que je vais vous épargner un long laïus. Sachez qu'il y a toujours un groupe prêt à intervenir sur une scène de crime de jour comme de nuit, selon une procédure qui se nomme la doublure.

Quand une affaire survient, on appelle ça « dérouiller ». La nuit, cela donne une ambiance particulière : entre éclairage diffus et couloirs déserts, lorsque le silence est troublé par les seuls bruits de pas de l'état-major à l'étage du dessous.

Quand un interrogatoire va commencer et nous mener jusqu'à pas d'heure, nous partageons un morceau de pizza avant d'affronter l'inconnu, un face-à-face dont on ne connaît ni la teneur ni la durée.

Quand tout le monde se doit d'être sur le pont parce qu'il vient d'y avoir un enlèvement, et que des inspecteurs partent en planque, déguisés en gaziers ou en plombiers, une ambiance électrique naît.

Quand les radios du matin crépitent et donnent une information qui va tous nous concerner, comme ce matin d'octobre 1979 où j'apprends par un flash que deux policiers ont été tués dans la nuit rue Monge, à Paris, par deux hommes – l'un a été abattu, l'autre est en fuite –, et que la tension comme l'émotion nous gagne.

À ce sujet, je pense immédiatement que le groupe de « doublure » a « dérouillé » en raison de cet événement alors inhabituel, et j'ai hâte d'arriver au service pour obtenir des informations qui sont encore contradictoires d'un média l'autre.

*

Au 36, en dépit de l'heure très matinale, il y a l'effervescence des grands jours. On m'explique :

une patrouille de police a repéré et tenté de contrôler une voiture. Course-poursuite, les deux fuyards sont bloqués dans une impasse, ils sortent des armes, tirent. L'un blesse mortellement un gardien de la paix avant d'être tué, l'autre abat un policier et prend les jambes à son cou. Tandis que la colère gagne les rangs de la police – comme à chaque fois en de telles circonstances lorsque l'un des nôtres perd la vie –, la crim' se met au travail tambour battant : en moins de quarante-huit heures, le malfaiteur en cavale, identifié grâce au témoignage d'une jeune femme, est « logé » dans un hôtel près de la place du Châtelet.

Je ne suis pas en charge de l'affaire, mais me tiens au courant des investigations, traîne dans les couloirs, comprenant que l'interpellation du fuyard est imminente. Elle peut s'avérer « chaude » et, au cas où, je suis prêt à donner un coup de main.

20 heures, je m'apprête à rentrer chez moi quand le « patron », Marcel Leclerc, qui a succédé à « Otta », sort en trombe de son bureau, me voit et lance :

— Pasqualini, vous êtes disponible ?

Il me met à disposition du chef de groupe Claude Haméon, responsable de l'enquête, et je ressens une certaine satisfaction à être associé à sa phase la plus palpitante, l'interpellation. Je rejoins Haméon et ses troupes pour un briefing : le tueur a bien loué une chambre dans l'hôtel mais s'est absenté. Il faut donc mettre en place un dispositif de surveillance dont nous ignorons la durée. Haméon répartit les tâches et les rôles : je suis avec lui dans le hall de l'établissement, à l'abri des regards.

Les heures tournent, ponctuées de fausses alertes, quand un taxi s'arrête devant l'immeuble. Le chauffeur et son passager en sortent, pénètrent dans l'hôtel, sont neutralisés en un éclair de temps. Je saisis le malfaiteur au cou, lui fais une clé avec un bras, tandis que trois de mes collègues le maîtrisent et lui passent les menottes. Il se débat, résiste ; peine perdue. Le propriétaire du taxi est également « serré » puis rapidement mis hors de cause. Son client lui a demandé de l'aider à déménager une malle. Nous retrouvons une arme à l'intérieur.

Le meurtrier du gardien de la paix se nomme Philippe Maurice, fils de policier ayant sombré dans la délinquance dont le parcours délictueux s'achève dans le sang. Il risque la peine de mort, toujours en vigueur à l'époque.

Le 28 octobre 1980, la cour d'assises le condamne à être guillotiné mais nous sommes à quelques mois de l'élection présidentielle de 1981, et Valéry Giscard d'Estaing décide de suspendre cette condamnation. François Mitterrand, élu, commue la peine en prison à perpétuité. Le hasard a voulu que je croise à nouveau sa famille en interpellant son frère des années plus tard dans un centre commercial. Libéré après avoir purgé sa peine, Philippe Maurice est devenu un historien réputé, spécialiste du Moyen Âge.

*

Mais en attendant ce genre de faits d'armes, je fais les miennes, d'armes.

L'une de mes premières affaires m'emmène dans la banlieue de Rouen. Un homicide volontaire, des témoins à entendre, pas d'arrestation. Premier contact également avec les gendarmes, en pleine grève des agriculteurs. Déjà. Il n'y avait plus de lait, plus d'œufs dans la capitale. Les gendarmes, prenant pitié de notre triste sort de Parisiens en pleine pénurie, nous ont emmenés chez un paysan et nous sommes revenus le coffre chargé de pommes de terre et de poireaux.

En arrivant à la crim', je me rends compte que l'organisation peut être pesante : un carcan, une pyramide où tout passe par mon chef de groupe, le rigoriste Mifsud, sans autonomie véritable. Il consigne noir sur blanc ses rapports au crayon à papier et nous attendons qu'il nous donne du travail. Avec mon collègue Guy Petit, venu de la 2e division de police judiciaire, nous nous plongeons dans les dossiers non résolus, dont celui d'un malheureux tué en Seine-Saint-Denis. Je m'aperçois que le suspect est réfugié en Belgique. J'interroge Mifsud :

— Qu'est-ce qu'on attend pour y aller ?

— On n'a pas eu le temps.

Question de priorités. Il suffisait pourtant de se remettre dans le bain. Nous sommes partis chez nos voisins belges, sans l'accord total de notre chef de groupe qui voyait d'un mauvais œil deux jeunots prendre leur autonomie si vite. Le suspect a été arrêté. Il a fallu surtout faire sauter des barrières car c'était un dossier international.

Pire que tout, nous avons bravé notre chef de groupe. Heureusement, il part en retraite quatre mois après mon arrivée. C'était un personnage altier, tout juste s'il ne portait pas un monocle. Il a stoppé net sa carrière à 19 heures un 31 décembre. Présent jusqu'au dernier moment.

Moi je débute ; le meilleur de ma crim' reste à venir !

8
Un œil de verre

On dit qu'on se souvient toujours de sa première fois. Mon dépucelage à la crim' fut une drôle d'enquête et je ne l'oublierai jamais, en effet !

En cette fin 1976 j'ai trois mois de brigade dans les pattes. Un matin, nous sommes saisis de la découverte d'un corps ou plutôt de ce qu'il en reste : des morceaux. Un tronc par-ci, une tête par-là, le tout enroulé dans des sacs et des bouts de moquette. La manière dont le cadavre mutilé a été découvert vaut à elle seule le détour : ce sont des éboueurs qui ont chargé le « colis » comme de simples ordures, quai de la Loire. Ils ont eu la peur de leur vie en découvrant l'horrible puzzle. Constatations, enquête de voisinage : nous n'avons rien, pas d'indice, pas de témoin, encore moins de nom à donner au cadavre.

Afin de faire mon Maigret, je fume la pipe. Ça m'a passé depuis, mais c'est bien commode pour chasser la puanteur lorsque j'assiste aux autopsies. J'avais horreur de cette corvée : la morgue, dénommée administrativement Institut médico-légal, n'a rien, en ce temps-là, d'une clinique froide et propre. L'humidité suinte des murs, des cadavres reposent à l'air libre, on est loin des *Experts* ou de *Bones,* ces séries aux toubibs tout propres. Dans cette affaire, l'autopsie est notre seul espoir, celui de trouver un élément capable de nous indiquer une orientation à suivre, même infime. Je repars déçu : la victime est un homme, de type maghrébin, peut-être âgé de 30-40 ans ; il a été tué avec un objet lourd (marteau ?) et découpé à la scie. L'affaire, comme la morgue du quai de la Rapée, sent mauvais... C'est une énigme totale. Mais un coup de fil de notre cher légiste vient, le lendemain, relancer l'histoire :

— Dites Pasqualini, faudrait passer nous voir, on a un petit problème avec votre cadavre...

— Pardon ?

— Ben on l'a manipulé après l'opération d'hier et quelque chose est tombé par terre ; on est un peu embêtés, ce n'est pas banal. Nous avons apparemment découvert un œil de verre...

*

Un détail, juste un détail, le genre à lancer une enquête qui démarre mal. Nous disons souvent qu'il faut faire parler les indices, les empreintes, les objets. Celui-là en est un. Primordial. Je me précipite à l'IML et le place sous scellé. Que faire désormais de cette prothèse oculaire ? Il faut la faire parler, elle a peut-être beaucoup à nous dire. Je prends contact avec un opticien. Rien. Puis un ophtalmo à qui je montre l'œil :

— C'est très particulier mais ce n'est pas de mon rayon.

— Très particulier en quoi ? Monsieur, pouvez-vous être plus précis ?

— Il faudrait sans doute voir du côté des ocularistes.

— Ocularistes ? Mais de quoi me parlez-vous ?

— Ce sont ceux qui fabriquent ces prothèses, ils ne sont pas nombreux sur la place de Paris et celle-ci me semble très caractéristique ; c'est un travail de pro, ils ont un tour de main particulier ces gens-là.

— Vous avez la liste de ces ocu… machin-chose ?

Jamais entendu parler de ce métier. Décidément, à la crim', on touche à tout ! Je pars à la découverte du monde de l'œil de verre. Mon premier oculariste me dégrossit et affirme pour mon plus grand bonheur :

— Les vaisseaux sont peints à la main, on peut donc savoir d'où cela provient, de quel collègue.

— Comment pouvez-vous le savoir ?

— Inspecteur, dans notre métier chacun de nous a sa marque de fabrique, sa patte.

*

Me voilà, armé de ma liste, entreprenant le tour des professionnels du postiche oculaire. Heureusement ils ne sont pas nombreux. L'un d'eux, le deuxième je crois, regarde l'œil de verre, le soupèse, l'examine à la loupe, puis lance :

— Ça vient de chez moi !

Je suis tout excité par ma découverte, ma piste.

— Inspecteur, nous sommes ocularistes de père en fils, depuis le début du XXe siècle.

— Vous avez un registre de vos clients ?

— Voyez-vous le gros meuble derrière vous ? Il y a là-dedans tout notre fichier, qui remonte à la Première Guerre mondiale quand mon père a fait des prothèses pour les blessés.

— Et il y a du monde à l'intérieur ? !

— Des milliers de clients.

Je dis pas « et M… », mais je le pense !

*

Et c'est ainsi que quatre inspecteurs de la brigade criminelle du 36, quai des Orfèvres trient des milliers de fiches à la recherche d'un nom, celui d'un cadavre ! Par année de naissance, par origine ethnique, par œil gauche là où se situe la prothèse de notre client. Au bout de quelques heures, nous maudissons ces fiches, il faut non seulement trier, mais aussi vérifier ! Chacun son tas, de plus en plus épais au fil des heures. Arrive la seconde journée de travail. Jean-René, l'un de mes camarades d'infortune, se met à plaisanter pour chasser le tracas et la routine. Il prend une fiche et crie tout à trac, sans même la regarder :

— Ça y est, je l'ai, c'est celui-là.

— Oui sûrement, et nous on est des papes !

Nous avons tort de le charrier : Jean-René a du nez, il sent que c'est la bonne fiche. Le nom est celui d'un Maghrébin dont l'âge et le handicap cadrent parfaitement avec la victime. Il est en outre domicilié à deux pas du quai de Loire. Nous vérifions l'adresse et cavalons jusqu'à son appartement situé au-dessus d'un bar, un drôle d'endroit dont la clientèle est composée notamment de travestis. Que nous passons « à la moulinette ». Ils se méfient de la police, mais disent connaître la victime :

— On ne l'a pas vu depuis longtemps.

— En plus je crois qu'il s'est disputé avec le patron du bar, pour une histoire de fric !

Perquisition ! Nous ne trouvons rien. Le gérant est placé en garde à vue et « chique », comme nous disons. Impossible d'en tirer quoi que ce soit. Les heures tournent, nous décidons de revenir avec les techniciens de l'Identité judiciaire dans l'appartement, refait à neuf, comme par hasard ! Rien de mieux qu'un coup de peinture pour effacer les traces d'un petit crime. Mais la police scientifique, bien que limitée en ces temps reculés, relève des traces de sang sur le sol et les murs de la salle de bains. Pas d'ADN, pas de microscope, pas d'experts. Ce pouvait être le sang de n'importe qui. Rien de déterminant. Alors on a travaillé « au corps » les travestis, patiemment, sans violence. Avec ce qu'ils nous ont dit, nous avons enferré le patron du bar, patiemment, toute une nuit… Finalement, il a craqué.

— Oui je l'ai tué !

— Et ensuite ?

— Je l'ai découpé…

Notre tronçonné se nommait Arezki Séghir, unique locataire de ce bouge à ne pas être un travesti.

9
Cécile est morte

Tous les flics ont dans la mémoire une affaire qui les hante. Souvent parce qu'cllc cst sans réponse. La mienne porte le visage de Cécile. Je n'oublierai jamais le lundi 5 mai 1986, ni le 116, rue Petit, dans le XIXe arrondissement de Paris. La PJ locale est sur place, mais le parquet demande immédiatement des observateurs de la brigade criminelle. Je pense souvent à ce petit corps à moitié nu, la plaie saignante au niveau du cœur, le bandeau sur ses yeux. Elle a été violée puis étranglée ; la crim' est saisie : branle-bas de combat, groupe d'enquête, dont je suis le chef, mobilisé au grand complet avec le chef de section, le commissaire Christian Flaesch, patron du 36 à l'heure où j'écris ces lignes. L'Identité judiciaire est déjà au travail sur place : un spécialiste du plan, un autre de la photo, un troisième en quête d'empreintes.

*

Rue Petit tombe sur une résidence, un ensemble d'immeubles coquets. Pur hasard, ici habite Jean-Louis Huesca, mon adjoint ; « Au moins on connaît les lieux » me dis-je. Plusieurs entrées, trois niveaux de parking en sous-sol, sept étages ; pas simple. La victime se prénomme Cécile, elle a 11 ans et habite au 5e. C'est le gardien, aidé de deux amis, qui a découvert le corps, alerté par les parents, inquiets. Une famille sans problème. Cécile a un grand frère de 20 ans.

Notre travail est de reconstituer les faits et gestes de chacun. Les parents sont partis travailler vers 8 heures, l'aîné sur leurs pas. Ils sont juristes à la Sécurité sociale, des gens ordinaires, sans histoire. Cécile part à l'école à 9 heures, seule. Ses parents font attention : la petite revient déjeuner à la maison et sa mère l'appelle systématiquement pour s'assurer que tout va bien. Mais ce jour-là, Cécile ne répond pas.

La mère rentre immédiatement, abandonnant son travail, folle d'inquiétude. Personne. Elle descend voir le gardien. Il est absent, mais sa femme est là :

— Vous avez vu ma fille ?

— Non, pas ce matin, mais je ne suis pas beaucoup sortie, je suis en arrêt maladie.

Le père arrive aussitôt, ils vont à l'école, voit la directrice :

— Cécile, non, elle n'est pas là.

Personne ne l'a vue. L'inquiétude grandit. Ils refont le parcours de leur fille à pied, rencontrant même au détour des rues des policiers et des contractuelles verbalisant à tout va. Ils reviennent chez eux et le père redescend voir le gardien. L'homme, avec un de ses proches et un collègue, se lance à la recherche de Cécile, l'angoisse monte et se lit sur les visages des parents.

D'abord les cages d'escalier. Rien.

Puis les sous-sols par les ascenseurs.

Premier sous-sol. Rien. Second. Rien.

Troisième : on y accède par un escalier qui mène à un débarras où sont stockées des planches. Seuls les gardiens l'utilisent. Ils ouvrent la porte, jettent un œil, un des hommes voit comme une forme sous un bout de moquette, il s'approche, et découvre une petite main. Il hurle :

— Elle est là !

— T'es sûr ?

Les gardiens remontent, ne touchent à rien, ils avertissent les parents, leur interdisent d'y aller et préviennent la police.

Mon constat technique peut paraître froid, mais avoir une scène de crime intacte est rare. L'attitude de ces gardiens a longtemps intrigué la famille de Cécile : dans cette affaire, nous le découvrirons plus tard, tout pouvait paraître suspect. À partir du moment où il n'y a et n'y aura rien à se mettre sous la dent, il est tentant de se raccrocher à la moindre lueur, la plus insignifiante ou la plus folle soient-elles. C'est humain. Mais il n'y avait rien pour mettre en cause ces pauvres bougres, nous avons tout vérifié de A à Z.

*

Il est 15 h 30. C'est allé vite, les recherches auraient pu durer encore et encore. Le corps à moitié nu est examiné : la fillette a été probablement étranglée. L'Identité judiciaire se met au travail, avec les moyens de l'époque. Le procédurier, la cheville ouvrière d'un groupe de la crim', celui qui note tout, en l'occurrence Gérald Sanderson, fait son boulot.

C'est l'un des moments les pires d'une enquête de ce genre : Aller interroger la famille. Les parents savent que la fillette est morte, sont en état de choc, mais nous devons composer avec leur douleur pour obtenir un maximum de renseignements sans perdre de temps. Car deux logiques s'affrontent, celle d'un père, d'une mère, d'un frère effondré et la nôtre, celle de policiers pressés de comprendre, d'agir, d'aller dans la bonne direction. Cela n'a jamais été enseigné dans les écoles de police. Flaesch et moi parlons aux parents. En douceur, avec une grande économie de paroles, des questions précises portant sur l'emploi du temps, les habitudes de la fillette.

Nous sommes dans la salle à manger familiale, l'endroit des repas heureux, d'une famille comme la mienne. Nous comprenons vite que le meurtre a eu lieu dans l'immeuble. Nous faisons le tour de l'appartement, pour vérifier s'il n'y a pas de désordre, avec une attention particulière pour la chambre de la petite. Avec prudence et le plus de tact possible. Nous choisissons de ne pas effectuer de perquisition chez eux, décision difficile à prendre car nous risquons de passer à côté de quelque chose. Dans l'affaire du petit Grégory en 1984, à Lépanges-sur-Vologne, une décision identique a jeté une ombre sur l'enquête et ouvert un débat sans fin.

On accède à l'immeuble par une grande porte vitrée, avec un code, le verrouillage est défectueux depuis des mois. Il a bien été réparé, mais à l'arrache, provisoirement. Or, ce lundi, il ne fonctionnait pas. J'ai toujours pensé qu'il y a eu préméditation, que le tueur a préparé son coup et saboté la serrure. Cet immeuble est aussi accessible par le parking avec un badge ; rien de plus facile que de profiter de la voiture d'un locataire pour s'y engouffrer.

Au bout d'une heure, le frère de Cécile, nous donne une piste :

— Ce matin, j'ai vu un gars dans l'immeuble qui était curieux.

*

Enfin !

Nous le fixons, pendu à ses lèvres mais sans précipitation :

— Assieds-toi là, et explique-nous.

Les parents « percutent » à leur tour, confirmant eux aussi avoir vu cet homme, au visage bien particulier, grêlé. Ils se souviennent avoir pris l'ascenseur en sa compagnie, celui de gauche car l'autre était en dérangement. Le grand frère acquiesce :

— Ah oui moi aussi. Je lui ai même dit bonjour.

— Il t'a répondu ?

— Juste bonjour, il murmurait… Ce type m'a mis mal à l'aise.

L'enquête de voisinage confirme la présence du « grêlé » dans l'immeuble. Un homme au comportement étrange et très obséquieux. Par malchance – coïncidence ou pas ? – le plafonnier du palier ne fonctionne pas, et sa description du personnage, comme celle des autres témoins, est sommaire : 25-30 ans, européen, blouson, jean, allure négligée, cheveux châtains longs. Le frère est un peu plus précis :

— Il faisait au moins 1,80 mètre. Et puis j'y pense, son visage… Il a peut-être eu la varicelle ou la variole ?

*

L'enquête de voisinage repose sur la technique « de l'escargot » : on part de l'immeuble de la famille de la victime, puis les inspecteurs élargissent en cercle les investigations à toute la résidence, la rue et les commerces. C'est un élément indispensable de l'enquête criminelle : pour l'attentat de la rue Copernic, mille personnes ont été interrogées ainsi. Voisins, commerçants, passants, tout le monde répond aux questions des enquêteurs. Nous refaisons l'itinéraire de Cécile, le même tous les matins, immuable. Mais sans espoir, tout s'est déroulé en sous-sol, à une encablure de la porte de son appartement. Et notre équipe voit mal comment le « grêlé » aurait pu transporter un corps sans se faire repérer. Il a manifestement bien planifié son coup, en repérant les lieux, sans prise de risques, préparant sa tanière pour y conduire sa proie comme tout prédateur de son espèce.

Je fais le point avec les collègues : en ayant interrogé les voisins, nous avons le profil d'un assassin dont le signalement correspond à celui donné par la famille. Un homme que personne ne connaissait, qui a intrigué tout le monde, voulait donner l'impression d'être chez lui et a agi entre 7 h 45 et 9 h 30. Nous interceptons un locataire qui avait pris sa voiture le matin, à l'heure du drame :

— Vous avez remarqué quelque chose ?

— Oui, la porte du 3e sous-sol était ouverte et bloquée ce matin. En plus la lumière de l'escalier était allumée, c'était pas habituel.

Un couple et leur fille nous fournissent d'autres indications : lui est sorti au rez-de-chaussée, sa femme et leur enfant sont descendues au second sous-sol avec toujours notre « grêlé » dans l'ascenseur. Autre témoignage important : vers 9 h 15, une femme rentrant de l'école a vu en arrivant dans le hall, un individu sortir précipitamment de l'ascenseur. Encore et toujours le « grêlé ». Un inspecteur remarque que le second ascenseur n'est pas en panne, mais a été saboté.

Il nous faut identifier notre homme au plus vite. Un portrait-robot est établi, diffusé dans tous les commissariats et dans la presse. Mon groupe fait le tour du quartier, présentant le portrait à tout le monde. On enquête, un travail de titan et de fourmi, on se renseigne : un exhibitionniste ou un détraqué sexuel a-t-il été signalé ? Cela ne donne rien. On explore les archives de la police et de la gendarmerie en quête d'un homme au visage grêlé, dont nous ignorons tout.

*

Le lendemain du meurtre, l'autopsie est pratiquée à l'IML. Elle établit avec certitude que Cécile a été abusée sexuellement, puis étranglée avec une cordelette. Le cœur a été atteint d'un coup de couteau, qui n'a pas été retrouvé. Nous avons la description d'un homme, le « grêlé », pas d'arme du crime, l'enquête de voisinage ne donne rien… Ça s'annonce mal !

Nous nous abîmons les yeux à déchiffrer les archives de toutes les affaires à caractère sexuel avec un agresseur grand au visage marqué. Sa grande taille, plus que la moyenne des Français, nous permet de trier les dossiers. Et l'ADN, me diriez-vous ? Mais en 1986, l'ADN c'est de la science-fiction. Nous possédons des traces de sperme, elles nous donnent le groupe sanguin de l'auteur. O+. La belle affaire, il est très courant !

Notre portrait-robot entraîne quelques difficultés : il est l'œuvre d'un très bon dessinateur, en qui j'avais toute confiance, mais il a du mal à révéler sur le visage les stigmates cutanés, nous faisons donc appel à une société privée spécialisée dans le graphisme.

Des journées de labeur, de sueur, à tâtonner, fouiner dans les archives. Impensable aujourd'hui : la police a comme outils des télégrammes et des synthèses qui permettent de recouper et comparer les affaires selon leur mode opératoire, leur géographie, leur histoire. En 1986, la simple réception d'un dossier pouvait demander des mois. Les recoupements ? De la débrouille et du flair.

Nous n'avons jamais mis de nom sur l'assassin de Cécile.

*

L'affaire n'a pourtant jamais été, non plus, déclarée close. En 1992, un non-lieu est bien prononcé, le dossier renvoyé aux archives par la justice, refermé… mais pas pour nous : pour les affaires classées, les *cold cases*, la crim' garde un exemplaire. Certaines dorment, faute d'éléments ou de priorité, attendent dans l'armoire. D'autres non. Chaque fois qu'une agression sexuelle, un meurtre semblables à celui de la petite Cécile surviennent, il y a des contacts entre services, des rapprochements, parfois des missions de liaison en province. Nous n'avons jamais baissé les bras.

Les enquêteurs de la crim' se sont transmis le dossier, j'ai gardé des liens avec la famille, notamment le père de Cécile. Bien sûr, avec le temps, le fil s'est distendu, mais il a compris qu'on ne lui cachait rien, que nous étions déterminés.

C'est le commandant Christian Lejallé qui suit aujourd'hui le dossier. Le père est parti vivre dans le Lot, la mère de la fillette est décédée accidentellement en 1989. Des rapprochements ont été tentés avec d'autres affaires de violences sexuelles sur mineur, mais ce n'était pas suffisant… Jusqu'en 1996.

*

Cette année-là, nous obtenons l'ADN du tueur. Pourquoi si tard ?

D'abord parce que la France ne croit pas à l'ADN, alors que les pays anglo-saxons s'en sont emparés en matière criminelle depuis longtemps. Le législateur tergiverse, s'inquiète d'un fichage excessif, demande la destruction des fichiers après utilisation, donc on traîne des pieds. Les Anglais nous tirent dessus à boulets rouges lorsque notre retard éclate à la face du monde à l'occasion de l'affaire Dickinson (une jeune Anglaise tuée en France). Il faudra que Guy Georges, le tueur de l'Est parisien, frappe à sept reprises, pour que soit officiellement créé un Fichier national des empreintes génétiques (FNAEG). Et ce en 1997 !

Le frère de Cécile, Luc, étudiant en biologie en Angleterre, avait proposé très tôt la solution ADN. Le sujet le passionne, il est d'ailleurs devenu généticien !

Cette année-là, la crim' a donc un suspect, un homme dont le crime ressemble beaucoup à celui commis dix ans plus tôt. Une nouvelle information judiciaire est ouverte, un juge d'instruction désigné. Hélas la piste tourne court. Ce n'est pas le coupable.

Nous avons l'ADN du tueur, mais comment ?

Grâce aux scellés. Les prélèvements sont exhumés, analysés par le laboratoire de biologie du CHU de Nantes, le plus en pointe sur l'ADN. Petit miracle, ils sont exploitables. L'empreinte génétique de notre homme est désormais dans le dossier.

Quand nous avons une empreinte, quelle qu'elle soit, que fait-on ? On la met dans le fichier, on agite et on compare : le meurtrier de Cécile est un tueur en série !

*

En 1986, nous nous étions intéressés à une autre agression : celle d'une fillette laissée pour morte et miraculeusement indemne.

Même ADN.

En 1987, une jeune fille au pair, Irmgard, Allemande de 20 ans, est retrouvée morte dans un appartement du quartier du Marais parisien ainsi qu'un mécanicien d'Air France, Gilles P., 38 ans, père des enfants dont elle avait la charge. Ils sont nus, bâillonnés, ligotés, bras en croix, comme crucifiés, étranglés et partiellement brûlés.

Même ADN.

En 1994, une fillette de 11 ans, Ingrid, est enlevée et violée à Saclay, dans l'Essonne.

Même ADN.

Mais qu'a-t-il fait entre 1986 et 1994, ce *serial-killer* ? Était-il en prison comme Guy Georges ? Malade ? À l'étranger ?

On ne sait toujours pas de qui il s'agit. Nous n'avons aucun nom.

Il court toujours.

Est-il seulement encore vivant ?

Son ADN dort en tout cas dans les fichiers, sous un nom de code, en attendant mieux !

Un jour peut-être ? Un faux pas de sa part et « le grêlé » sera arrêté puis jugé.

On le voit, je n'ai jamais oublié Cécile !

10
La vie à la crim'

Je suis un flic de la brigade criminelle du 36, quai des Orfèvres, à vie... Encore aujourd'hui, j'observe, je réagis et je vis ainsi. Durant des années, le meurtre, l'attentat, le mal, la folie des hommes, ont été mon quotidien.

On dit qu'un flic est blindé... Ce n'est pas vrai, on se construit juste une armure, qui plus est pas d'une solidité à toute épreuve. Lors d'une enquête, il ne faut voir que le travail, se concentrer sur la recherche du coupable, les indices, les témoignages.

Évacuer le reste, l'émotion, les corps, les parents en larmes, rentrer dans sa « bulle d'enquête ». C'est parfois impossible. L'autopsie d'un bébé qui avait la tête transpercée par un couteau de boucher me hante encore. Les parents étaient africains, totalement envoûtés, sous l'emprise de drogues, interpellés alors qu'ils étaient à moitié nus dans la rue. Quand j'ai vu le corps, j'ai pensé au poupon en celluloïd avec lequel jouait ma sœur ; il ressemblait à cet enfant, le couteau en moins.

À la crim', on ne compte ni son temps ni son énergie. Je suis bien placé pour le savoir ; lorsque je l'ai quittée, en 1991, j'ai abandonné à mon administration deux cent quinze jours de congés. Cadeau.

*

Certains y laissent bien plus que ça, comme Jacques Capela, tué en service le 31 juillet 1978, alors qu'il devait fêter les deux ans de son fils. Il n'a pas hésité à aller sur le terrain, une prise d'otages à l'ambassade d'Irak.

D'autres perdent leurs familles ; une épouse qui ne supporte plus ce travail, et c'est le divorce, la séparation. Il faut avoir la totale confiance et l'entier soutien des siens. J'ai fait des choix, sacrifié des jours de repos, de congés. Nous pouvions également être appelés pendant nos vacances, même à l'étranger. Ainsi quand Gilbert Zemmour, le célèbre caïd a eu la bonne idée de se faire descendre à Paris, j'ai interrompu mes congés corses et je suis rentré dare-dare au 36.

Ce travail ne peut être formaté dans le cadre des 35 heures. Aujourd'hui, on oblige des fonctionnaires à prendre tous leurs congés. Mais qui peut rentrer chez lui tranquillement à 19 heures ? On ne se transmet pas un dossier criminel, comme on se repasse une histoire de comptabilité. Mon camarade Bernard Ozanon dormait ainsi avec la radio Motorola de service sous l'oreiller !

J'ai la chance d'avoir eu, et de conserver, une vie de famille équilibrée, une compagne indulgente. Elle n'a jamais fait le compte des week-ends prévus annulés, des sorties brutalement interrompues. Lorsque mon second enfant est né à Nice, j'étais dans le train de nuit. Un de mes collègues en planque dans un « sous-marin », ces véhicules banalisés permettant de surveiller à leur insu des truands, n'a vu son gamin que vingt-quatre heures plus tard. Nous n'avions pas de portables, pas les mêmes moyens que maintenant. Il faut donc accepter des sacrifices : mon épouse a arrêté de travailler pour s'occuper de nos deux fils, faute de belle-mère ou de mamie pour le faire. À tout enquêteur, il faut laisser vivre sa passion : si votre compagne en est jalouse, c'est foutu. À la crim', ou dans toute autre grande brigade comme « l'antigang » ou le BRB, la disponibilité est le maître mot. Quand on traite un dossier de la trempe de celui de Cécile, il est impossible de quitter son bureau à heure fixe. Autant changer de travail.

Je ne me plains pas, je ne me suis jamais plaint, je constate juste et raconte.

*

D'ailleurs, c'est « grâce » au téléphone que j'ai fait un « bond » dans la hiérarchie de la crim'.

Notre procédurier, Yannick Le Hénaff, était un vieux garçon haut en couleur : la pipe toujours vissée au bec, il habitait au rez-de-chaussée d'un immeuble place de la Bastille et refusait d'avoir le téléphone chez lui. La nuit, il fallait donc aller le chercher à domicile en cas d'urgence, taper à son volet et le tirer du lit. Une fois, deux fois, il y eut des ratés. Hénaff a été évincé et sa place m'a été proposée.

Le procédurier n'est pas n'importe qui, il a la responsabilité d'agencer la procédure, de la hiérarchiser, de lister les actes manquants, de mettre bout à bout les PV d'auditions, voir ce qui cloche. Un homme-orchestre devant un mille-feuilles. La réputation de la crim' tient souvent entre ses mains : combien ai-je entendu de magistrats se louer de notre travail à la seule vue des résultats de nos investigations que nous présentions feuille par feuille, sous-dossier par sous-dossier, de manière synthétique et classifiée ? D'ailleurs, devant un tribunal, tout ce qu'il reste de l'enquête, c'est cette sacro-sainte procédure !

Petit détail, j'hérite du poste à la fin de l'année 1976, en pleine affaire d'État ! De Broglie, ça vous dit quelque chose ? Le prince Jean de Broglie, ancien ministre, héritier d'une grande et vieille famille française, est retrouvé assassiné au bas de son immeuble parisien le 24 décembre 1976. On accuse la police d'avoir su qu'un « contrat » pesait sur cet homme. Bref, le prototype d'un dossier aux multiples ramifications, dont il faut ouvrir toutes les portes quitte à les refermer par la suite sans tarder. Ne rien laisser au hasard en tout cas. Faire sienne la réputation de rouleau compresseur qui nous colle à la peau, laquelle, bien que réductrice, n'est pas fausse. Je ne me sens pas de taille – à 28 ans – à mener ma première procédure sur ce dossier, je le dis et on me décharge de la tâche.

*

Le procédurier jouit à la crim' d'un luxe inouï : il possède son propre bureau. Le mien se trouvait sous une soupente tout de même. Il a dû y avoir des jaloux car j'étais jeune, dans une fonction représentant la voie royale pour devenir chef de groupe. Le Graal. Mieux, peu de temps après se joue un vrai jeu de chaises musicales à la brigade : je rejoins Lafargue comme numéro deux, un chef de groupe au solide caractère.

*

Le procédurier est un homme seul, comme le juge d'instruction ; ce qui a ses avantages et des inconvénients…

Si le groupe est en osmose, tout va bien, dans le cas contraire, c'est ingérable. Et celui qui n'a pas cette philosophie se voit immédiatement marginalisé. Il ne tient pas le coup. Ce qui fait l'esprit de groupe, ce sont les tâches fastidieuses, les surveillances, les planques, les filatures. Le terrain crée les solidarités et la cohésion.

Tout se passe bien avec Lafargue, même s'il s'avérait un peu particulier ; il faut être humble, savoir qu'à tout moment peut nous tomber dessus une très grosse affaire. Alors se façonne une vraie solidarité entre procéduriers, une aide mutuelle. Installé dans le bureau contigu à celui de Jean-Pierre Birot, futur commissaire à l'anti-gang, j'ai vu passer en stage la célèbre Martine Monteil, tombeuse de Madame Claude, première femme flic en tout. Première à diriger la brigade des stupéfiants, la crim', la PJ parisienne, la direction centrale

Une anecdote m'est en tout cas restée à propos de l'affaire de Broglie. *Le Canard Enchaîné* fait à l'époque ses gros titres et ses choux gras sur ce meurtre. Et accuse la crim' d'avoir volontairement tenté de détruire, en le brûlant, le carnet d'adresses de l'ancien ministre. Or la vérité est bien plus bête : dans la salle de permanence trône une photocopieuse rudimentaire où le document devait être placé sur une vitre, puis recouvert d'un couvercle caoutchouc souple. Pas très moderne mais il fallait faire avec les moyens du bord. La vitre en question avait été brisée, le fameux carnet s'est donc retrouvé directement au contact des néons. Fumée. Deux feuillets ont été noircis et munis d'un scellé confectionné comme des centaines d'autres avec soin par notre spécialiste, Jojo Louessard.

Un poème ce Jojo : c'était notre appariteur, une sorte de garçon de bureau dont la mission essentielle était d'assurer le courrier ou de faire les photocopies. Il effectuait aussi d'autres tâches ne relevant pas nécessairement de sa compétence car c'était le bon sens personnifié. Il était porté sur la bouteille, et la rumeur lui prêtait un brusque départ de son ancien poste, à l'Institut médico-légal, pour s'être trompé dans l'identification en inversant le nom de deux cadavres.

*

La crim' c'était aussi le banquet annuel, avec le cliché de groupe genre photo de classe prise sur les marches de la cour d'assises ou du Palais de justice. Ce jour-là plus que les autres, la cravate était obligatoire, la permanence de la crim' effectuée pendant ce temps par la BRB ; il y avait en quelque sorte relâche.

Je revendique pour ma part la création de la première médaille de la crim' qui a succédé à un porte-clés, représentant côté pile un homme affrontant un serpent, et côté face un chardon, avec la devise de la brigade criminelle : « Qui s'y frotte s'y pique ». L'idée m'en est venue au début des années quatre-vingt, quand nous avions de plus en plus de missions à l'étranger et recevions de fréquentes visites de collègues dans nos locaux. Hors de France, nous étions très bien accueillis et il était d'usage d'arriver avec des insignes, des cadeaux en rapport direct avec notre fonction, cadeaux hélas distribués au compte-gouttes par la préfecture de police. Nous étions restés, à vrai dire, un peu ridicules vis-à-vis de nos homologues étrangers. Alors j'ai suggéré au « patron » de l'époque, Jacques Genthial, de nous doter d'un emblème digne de notre rang, optant pour une médaille en métal stylisée représentant le bâtiment du 36. Le projet fut validé, et je fus chargé de le mettre en œuvre.

La crim' est bien ma maison, pour toujours.

11
Le pain de la liberté

11
Empain enlevé, Empain libéré

Les voyous agissent par mode, pas uniquement mode opératoire, mais en visant certaines cibles parce qu'ils repèrent une faille, ou parce que cela semble d'un bon rapport « travail-argent ». Rien de neuf : Bonnot a inventé en 1912 le hold-up en auto car la police était alors surtout à vélo, Les Postiches ont attaqué les coffres-forts des particuliers dans les banques car ils s'ouvraient sans difficulté ; aujourd'hui le fourgon blindé, dit la tirelire, est la cible en vogue.

Dans les années soixante-dix, c'est l'enlèvement avec demande de rançon qui séduit les truands ! Le milieu français a piqué l'idée aux Italiens. La mafia est spécialiste du genre et les terroristes suivent. Les premiers demandent de l'argent, les seconds avancent des revendications plus idéologiques. Alors nos « grands bandits » se disent : pourquoi ne pas importer la méthode, faire du fric en kidnappant un type plein aux as et en demandant un maximum à la famille ? Pour perdre la police, en ces années gauchistes, il suffit de balancer un communiqué se réclamant d'un front de libération quelconque, et le tour sera joué.

Baltazar Suarez, directeur de la Banco de Bilbao à Paris, est enlevé le 3 mai 1974, le premier d'une longue série. Le patron de la crim' Pierre Ottavioli a sa petite idée : il se rend vite compte que les enlèvements sont crapuleux, que la politique n'a rien à y voir, qu'il s'agit de grand banditisme. Et d'énoncer sa doctrine, sa méthode : « Les ravisseurs iront chercher l'argent dans la gueule du loup, on ne paye pas les rançons, on tend un piège et on arrête tout le monde. » « Otta » possède aussi son arme : l'alliance de la crim' pour l'enquête, et de la BRI, l'antigang, pour l'action. « Face à nous, il faudrait une armée » clame-t-il alors. Et il parvient à convaincre la hiérarchie de lui laisser carte blanche.

Il joue gros mon patron : qu'un de ces rapts se dévoile « à l'italienne » (rançon ou pas, l'otage est exécuté) et il pouvait dire adieu au 36 ! Mais son plan fonctionne : les rapts de Thodoroff, le P-DG de Saab France, de Louis Hazan, P-DG de la société Phonogram, de Luchino Revelli-Beaumont, P-DG de Fiat-France, sont des échecs pour le grand banditisme. Mieux, M. Mallet est enlevé sous les yeux de l'antigang qui surveillait une bande organisée depuis quatre mois. Moins de quatre heures après, le banquier est libéré ; ce fut le rapt le plus bref de l'histoire de la voyoucratie !

*

Mais les voyous sont têtus, ou stupides selon le point de vue. Le lundi 23 janvier 1978 vers 10 h 30, le baron Édouard-Jean Empain est enlevé devant son domicile à Paris, 33, avenue Foch. La crim' et l'antigang sont aussitôt sur le pied de guerre. Le dirigeant du groupe Schneider va vivre un enfer durant soixante-trois jours. Sa famille reçoit une de ses phalanges coupée pour appuyer la demande de rançon. Notre travail le plus difficile est de localiser les appels téléphoniques des ravisseurs, professionnels aguerris et sachant jouer sur les nerfs des proches comme des policiers. Nos moyens techniques sont alors dérisoires tandis que les ravisseurs utilisent des cabines téléphoniques, parlent peu et très brièvement.

Nous allons aux PTT installer un dispositif au cœur même des centraux afin de limiter un secteur, assez vaste, où il y avait parfois des dizaines de cabines à surveiller. Tout le monde est sur le pont, crim' au grand complet appuyée par l'antigang, toute la PJ. À chaque cabine, on place des flics pas loin. Alors débutent des nuits et des jours de planque avec un infime espoir d'aboutir, car ce dispositif pour le moins artisanal a ses limites. Au moindre appel, silence radio, et ordre de ramasser toutes les personnes dans et autour des cabines ciblées. Des dizaines de suspects potentiels qu'il nous revenait de trier afin de séparer le bon grain de l'ivraie. Or cette méthode, qui pourrait être qualifié d'investigations de bric et de broc, n'a rien donné. Plus tard, en 1995, lors des attentats en France, les terroristes utiliseront les cabines publiques pour communiquer entre eux, nous obligeant à en mettre certaines hors service.

*

La rançon, exigée par des aussi obscurs que bidons « Noyaux armés pour l'autonomie populaire », est astronomique : 80 millions de francs (12 millions d'euros). Après une première remise avortée, l'inspecteur divisionnaire Jean Mazzieri, adepte des arts martiaux et d'un calme absolu, joue les chauffeurs et attend au *Fouquet's* le coup de fil de « Charlotte Corday » pour « monsieur Marat ». Les ravisseurs ont organisé un jeu de piste qui le conduit de cafés en hôtels de luxe *via* les autoroutes proches de la capitale durant deux jours. Et puis, à un moment, Mazzieri stationne sur le bord de l'autoroute lorsqu'arrive une dépanneuse. Le conducteur n'a pas le temps de dire « vous êtes en panne » que dix hommes armés, brassard de police au bras, le menottent à sa propre grue ! Fausse alerte, le dépanneur est un vrai dépanneur, qui a dû avoir la trouille de sa vie !

*

Finalement Mazzieri arrive au contact des membres du gang le long d'un mur antibruit de l'A6, vers l'Hay-les-Roses. L'antigang intervient, les bandits tirent, la police riposte : un malfrat est tué, deux autres blessés, ainsi que deux flics. Fin du premier acte, cafouillage. Le grand patron de la PJ du 36, Jean Ducret, se tourne vers Ottavioli :

— Pas brillant, hein…

La seule chance pour nous est de faire parler le blessé, un certain Alain Caillol. Or, pour l'instant, il se trouve aux urgences de l'Hôtel-Dieu, salle Cusco, une antenne sécurisée pour les gardés à vue hospitalisés. Je suis précisément chargé de sa garde à vue, quand Ottavioli m'appelle dans son bureau :

— Pasqualini, ce type-là, il faut qu'il vienne, je le veux dans nos locaux, pas à l'hôpital, il faut qu'on discute avec lui, le mettre en situation. C'est primordial. Allez le chercher !

— Mais et les médecins ? Ils ont leur mot à dire, on ne peut rien faire s'ils s'opposent à son transfert ; il a tout de même pris une balle dans le bras.

— Débrouillez-vous mon vieux !

Inutile d'argumenter. À son regard, je sens que je dois me débrouiller. Et vite. Heureusement, les médecins ne font pas d'histoire, Caillol n'est pas gravement atteint. J'ai en revanche un autre problème à résoudre : le 36 est cerné par les journalistes. Comme dans les grandes occasions, ils s'engouffrent dans les escaliers, flashent à tout va. Époque bénie pour le quatrième pouvoir, qui campe au Quai des Orfèvres, certains y ont même un bureau. Il faudra que Gaston Deferre, ministre de l'Intérieur, prenne la mouche en constatant qu'une journaliste d'un grand quotidien assistait et prenait des notes… lors d'une garde à vue. Conséquence : plus de reporters au 36 et silence radio… Mais pour l'instant, ils sont là et bien là !

— J'ai une idée, on le met sur un brancard et on le descend dans les souterrains de l'hôpital ?

— Et ensuite ?

— On demande à un car de venir nous chercher et on rentre par la petite entrée, quai de l'Horloge. Après il n'y a plus qu'à passer par les couloirs !

Menotté, Caillol est emmené dans le bureau du patron. Il ne mesure pas le privilège, ayant même directement droit au « coup de la moquette ». J'explique : quand on a affaire à un suspect difficile, on l'emmène dans le bureau de Maigret (Ottavioli en l'occurrence), le 315, le seul moquetté de la crim'. On espère que le décor et la personnalité du chef le feront cracher.

On lui ôte donc les pinces, il s'assied dans l'un des fameux sièges en cuir marron du patron, où s'est posé avant lui le séant de Marcel Petiot, ou de plus humbles criminels destinés à être mis en confiance. En confidence plutôt car, ici, tout interrogatoire sensible ou d'importance est calculé, pesé, parfois mis en scène, comme cela avait été le cas pour un magistrat impliqué dans une affaire de mœurs pour lequel avait été reconstituée une quasi-salle de tribunal.

Ottavioli commence à discuter avec Caillol. Doucement, naturellement. Du jour, de la pluie, de lui. Du baron :

— C'est foutu, vous êtes cuits, vous avez perdu. En vous entêtant, vous allez au carnage. La seule issue, c'est la libération du baron. Vous êtes des types intelligents. Il faut en sortir par le haut.

Caillol parle un peu. De sa vie d'abord : fils de bonne famille ayant mal tourné, père industriel. Un beau mec, physiquement, genre voyou à succès dans les boîtes de nuit. Et, à un moment, alors que je fais mine de lire un exemplaire de *Sélection du Reader's Digest*, il lance. :

— Bon, vous êtes déterminés. J'ai compris en vous voyant que nous n'avons aucune chance de toucher l'argent. Je peux téléphoner ?

Derrière Ottavioli est alignée une batterie de téléphones. Caillol se méfie et montre le bureau d'à côté. « Otta » se lève et me fait signe de l'accompagner. C'est le bureau du commissaire Bizeul, par chance doté d'une ligne directe destinée à passer des appels en province ou à l'étranger. Elle a déjà servi pour d'autres affaires d'enlèvements et est équipée d'un magnétophone quasi invisible pour le profane. Tout semble sur la bonne voie, il ne faut pas improviser ni paniquer, la chance est de notre côté.

Je suis seul avec Caillol. Il s'installe. Je me pose au fond, face à lui, contre la porte. Le téléphone est à cadran, je ne peux rester sans rien faire. Je me mets sur la pointe des pieds pour essayer de repérer les chiffres composés. Je prends un stylo le plus discrètement possible. Il passe plusieurs coups de fil, mais je suis trop loin pour comprendre ce qu'il dit, d'autant qu'il utilise un langage codé. La communication est très brève et je me repère en fonction de l'endroit du cadran où il introduit ses doigts. Je note un numéro qui me semble correspondre et se révélera plus tard assez proche de la réalité. Le baron va être libéré. Caillol avouera plus tard qu'il a dû s'y reprendre à plusieurs fois pour faire le numéro tant il était tendu.

Peu après, le baron Empain est relâché devant une station de métro avec 10 francs en poche. La crim' se met à la bécane (la machine à écrire), tandis que l'antigang ouvre le champagne.

J'ai 29 ans, je viens de vivre ma première grosse affaire !

12
De Copernic à Miloud

J'ai approché le terrorisme lors de mes « jeunes années » à Saint-Germain. Le vendredi 3 octobre 1980, une bombe explose devant la synagogue de la rue Copernic : trente-cinq blessés, quatre morts. Scène de guerre : vitres brisées, carcasses de voitures, volets arrachés pendant sur les façades. Le chef de la crim', Marcel Leclerc, et son adjoint, Olivier Foll, se rendent sur place avec pas moins de trois groupes. Les investigations débutent dans un climat épouvantable. Elles s'annoncent longues et difficiles. Je participe à l'enquête de voisinage le lendemain, arpentant les trottoirs de la rue Copernic et avoisinantes. Au milieu de notre travail passe un cortège avec, à sa tête, le futur chef de l'État François Mitterrand et Simone Veil. Étrange impression.

Le climat politique est extrêmement tendu, le Premier ministre Raymond Barre a une phrase plus que maladroite sur TF1 : « Cet attentat odieux qui voulait frapper les israélites se trouvant dans cette synagogue et qui a frappé des Français innocents qui traversaient la rue Copernic. » Pour mettre un peu d'huile sur le feu, un syndicaliste policier, qui ne cache pas ses préférences, se trouve en direct au journal télévisé. Selon lui, un mouvement d'extrême droite, la Fane (Fédération d'action nationaliste européenne), venant d'être dissous et remplacé par les FNE (Faisceaux nationalistes européens) est le principal suspect. Ce « policier », plus fort en politique qu'en investigation, va même plus loin :

— Vingt pour cent des membres du FNE sont policiers.

Le raccourci sera vite emprunté par certains journalistes : « Vingt pour cent des policiers sont des fascistes. »

*

Ce soir-là, nous sommes plusieurs enquêteurs au 36, devant la télé, muets de stupeur, indignés. Car la piste de l'extrême droite a déjà fait long feu dans notre enquête, une porte que nous avons fermée assez rapidement. Très exactement depuis que nous avons le signalement du poseur de bombe, celui qui a garé une 125 Suzuki devant la synagogue, dont les sacoches contenaient l'explosif. Le travail du laboratoire a été payant, les témoins ont décrit un homme de type moyen-oriental. La moto parle aussi : elle a été achetée le 23 septembre 1980 dans une boutique de l'avenue de la Grande-Armée à Paris pour 1 000 dollars par un individu muni d'un passeport au nom d'Alexander Panadriyu, domicilié au *Celtic Hôtel*, à Paris.

La fiche d'hôtel confirme. Nous apprenons que « Panadriyu » a par ailleurs fait monter une pute. Elle est identifiée et arrêtée ; je l'interroge. C'est une jolie plante, d'origine italienne : elle décrit son client, un Oriental, ses pratiques, quasiment ses positions... Bien sûr « Panadriyu » est un faux nom.

Il va ressurgir... en 2008.

*

Je suis à la retraite, mais j'aime bien repasser sur le lieu de mes « exploits ». Ce jour-là, Pascal, chef de groupe à la Section anti-terroriste (SAT) de la crim', m'alpague :

— Dis Bernard, tu as travaillé sur Copernic ?

— Oui.

— Panadriyu, ça te dit quelque chose ?

— Tu parles !

Il me raconte que le dossier Copernic a été relancé grâce à de nouveaux éléments pouvant confondre un suspect réfugié au Canada : l'IGNA (Institut génétique Nantes Atlantique), dont je suis devenu un salarié, a révélé une empreinte digitale sur la fiche d'hôtel que j'ai eue en mains à l'époque, ce qui me vaudra un passage à l'Identité judiciaire afin de « discriminer » mes propres traces. Mon « Panadriyu » se nommerait en réalité Hassan Diab, d'origine palestinienne.

Le suspect sera arrêté en novembre 2009. La France est empêtrée depuis dans une extradition qui n'en finit pas et Diab clame son innocence. Un fanatique religieux perdu pour un moment passé avec une dame de petite vertu, après vingt-huit ans d'impunité ? L'avenir le dira.

*

Cette affaire Copernic va laisser des traces dans la maison. En mai 1981, François Mitterrand est élu président de la République, Gaston Defferre devient ministre de l'Intérieur. Il n'a pas confiance dans le patron de la crim' et le président Mitterrand ne porte pas dans son cœur le 36 depuis l'affaire du vrai-faux attentat de l'Observatoire. Quelques policiers zélés, disons plutôt vindicatifs et revanchards, ont savonné la planche de Marcel Leclerc. Le pouvoir veut installer à la tête de la police – qui l'en blâmerait dans l'absolu, dans l'absolu seulement ? –, un homme de confiance.

Ce devrait être François Le Mouël, le créateur de l'antigang. Mais Le Mouël demande comme adjoint… Marcel Leclerc ! Refus de Defferre, le ministre estime que Leclerc n'a pas fait suffisamment de zèle en ce qui concerne la piste d'extrême droite dans l'affaire Copernic, entre autres. De gentils « collègues » ont aussi murmuré à l'oreille du ministre que Leclerc est trop autoritaire, dur… de droite, quoi ! Le Mouël s'agace et refuse le poste de patron du 36 ! Tempête au Quai des Orfèvres.

Convoqué par Gaston Deferre, Leclerc n'a pas été limogé et le poste de directeur de la PJ de Marseille lui a été proposé. Certes, il y a pire : Marseille, ce n'était pas un enterrement de première classe, et Pierre Ottavioli, autre prestigieux « patron » de la crim', avait eu une fin de carrière moins glorieuse. Leclerc refuse, estime n'avoir rien à se reprocher et – il me l'a dit –, avoir fait son travail en toute conscience. Immédiatement, Gaston Deferre, qui n'aime pas se voir opposer un refus d'où qu'il vienne, convoque Mme Leclerc et tente d'obtenir à travers elle l'accord de son mari, ce qui a le don d'énerver au plus haut point ce dernier, qui le fait savoir. Conséquence, il sera muté derechef à l'Inspection générale de la police (IGPN), ce cimetière des éléphants où croupissent souvent de hauts fonctionnaires en disgrâce.

Je suis, comme la plupart des membres de la crim', révolté. On est plusieurs à aller voir le patron, à lui proposer notre soutien. Leclerc ne veut pas en entendre parler :

— C'est mon problème et la crim' n'a pas vocation à contester.

Je parle avec Olivier Foll, le numéro deux de la crim' :

— Vous savez Bernard, le préfet m'a proposé le poste. C'est mon rêve d'occuper cette fonction, mais je ne peux pas m'asseoir dans le fauteuil de mon ami Marcel.

Finalement, ce petit jeu, plus politique que policier, finit par installer Jacques Genthial, de la 6e division antiterroriste de la direction centrale de la PJ, dans le bureau 315. C'est nouveau : il n'est pas du sérail et vient de l'extérieur, contrairement à l'usage qui veut que ce soit un homme du 36 qui soit nommé. Un autre commissaire avait été pressenti, Alain Richardot, responsable de la PJ de Versailles, un « extérieur » lui aussi. Mais une fuite dans la presse avait rendu fou furieux Defferre. Son numéro deux est Claude Cancès, pur produit du Quai des Orfèvres, lui.

Je n'ai pas connu d'autres « zones de turbulences » de cet acabit. Ni reçu d'ordre qui aurait pu heurter ma sensibilité, mon ego, mon honnêteté, ma probité. Je n'ai jamais reçu instruction non plus d'étouffer une affaire, d'oublier un fait, de lisser une audition, d'arranger un PV, d'oublier un élément gênant sur une perquisition. Une enquête criminelle, il faut la faire. Un point c'est tout.

*

En parlant d'enquête, je me souviens d'une qui a fait moins parler que Copernic, mais vaut la peine que je vous la raconte.

Une nuit de 1988, à 5 heures du matin, je suis au commissariat de Neuilly-sur-Marne, en Seine-Saint-Denis. Un jeune de la cité HLM des « Fauvettes » a été tué par balle, le tir provient d'une tour. Les OPP ont rameuté tous les effectifs du service, nous sommes une cinquantaine sur les lieux. Qui peut se targuer de regrouper autant de fonctionnaires en si peu de temps à part le Raid, l'unité d'élite de la police ?

Les faits sont tragiquement simples : une fête entre jeunes, un coup de feu qui claque sur l'une des passerelles reliant entre eux les immeubles de la cité que je connais bien pour y avoir habité. Et un mort. Le chef-adjoint du service départemental de PJ (SDPJ), Christian Flaesch, a procédé aux premières constatations et prit l'initiative de bloquer toutes les issues. Personne n'est sorti, même les poubelles n'ont pas été ramassées. La situation est figée, c'est idéal.

Par groupe de deux ou trois, nous entrons dans chaque appartement pour mettre la main sur le tireur ou l'arme. La tour fait quinze étages, il y a dix appartements par niveau : on n'est pas couché ! J'ai à peine le temps de démarrer qu'il se passe quelque chose : des policiers ressortent de l'immeuble avec un homme au profil intéressant. Chez lui, ils ont retrouvé des revues spécialisées, des armes ; c'est un ancien militaire qui se déclare collectionneur. Le coupable idéal, genre « Dupont la joie » sans doute excédé par le bruit. Il est embarqué dans une voiture, direction le 36.

Il suffit de voir le sous-préfet et le magistrat de permanence se congratuler pour imaginer l'affaire bouclée.

Mais les perquisitions continuent. Longtemps.

À un autre étage, une équipe frappe à une porte. Un retraité ouvre. Dans le salon, une dame allongée, grabataire. Le vieil homme ne semble pas à l'aise. Les enquêteurs décident de fouiller les lieux, en souplesse. Un collègue passe une main sur un bahut, sent quelque chose, et en descend une carabine. Le tireur, c'était lui, le retraité. Contre toute attente. Je ne peux bien sûr pas l'affirmer, mais je pense que seul le fonctionnement de la crim', sa méthodologie, son refus de se cantonner aux apparences ont permis de trouver le coupable.

*

Un autre exemple ?

1995, l'attentat d'Orsay. Je ne suis plus à la crim', mais à l'antiterro, la maison d'en face. J'ai donc assisté au travail de mon ancienne brigade. Chaque groupe savait précisément ce qu'il avait à faire au milieu des cadavres et des décombres, qui les constatations, qui les auditions de témoins, dans un étonnant ballet. La patronne, Martine Monteil, gérait pendant ce temps les personnalités, ministres, préfet, élus. J'ai comparé cette machine en marche à la brigade des sapeurs-pompiers de Paris (BSPP) où mon fils est sous-officier, parfaitement huilée et donnant le sentiment de se suffire à elle-même. Deux institutions de service public aux vocations diamétralement opposées, mais des modèles du genre dans leur capacité à s'organiser de façon hiérarchisée, autonome et complémentaire. Dans l'efficacité, sans rien laisser au hasard, en faisant abstraction de l'horreur, des cris, des larmes, de la panique ambiante.

*

Nous ne sommes cependant pas toujours saisis de grandes intrigues dignes de Simenon. La spécificité d'une affaire estampillée crim' ne tient pas forcément à la gravité du fait, mais aussi à la personnalité de la victime ou de l'auteur, comme l'a montré la mort de la princesse Diana : au départ, rien qu'un banal accident de la circulation, avec un chauffeur ivre. Les moyens déployés avaient rendu furieuse la mère d'une des victimes de Guy Georges, qui courait toujours. Cela ne m'a jamais dérangé de me frotter aux histoires de vol concernant la princesse de Monaco ou de suicide d'un député de l'Assemblée nationale sur lesquels nous avons dû enquêter rien qu'en raison du nom de leurs protagonistes, alors que n'importe quel autre service de police aurait pu les traiter. Il y a des affaires qu'il faut verrouiller au maximum. Il y a une qualité du « produit fini » qui, selon moi, ne peut être garantie que par la crim'.

Cette assurance ne doit pas masquer nos doutes. Je n'ai jamais été hanté par l'erreur judiciaire, alors que l'échec m'a souvent tétanisé : ne pas trouver l'auteur, il n'y a rien de pire, surtout dans les meurtres d'enfants. Obtenir des aveux, au contraire, m'a toujours rassuré, et ce sentiment a été longtemps partagé par des générations de policiers. C'est un peu moins vrai maintenant, probablement en raison du développement de la police scientifique.

Ah, cette religion de l'aveu, de plus en plus souvent mise à mal au nom de la défense des droits de l'homme ! J'ai souvent été interrogé à ce propos, il y a une espèce de fantasme et beaucoup ont du mal à croire que des suspects puissent se « mettre à table » face à l'enquêteur. J'ai pourtant recueilli de nombreux aveux au long de ma carrière, sans jamais être contesté et ce en partie grâce à la spécificité de la crim'.

*

Tiens, une petite dernière, pour la route : le 11 juin 1986, en fin de matinée, le commissariat de La Villette est au téléphone :

— On a un individu qui s'est présenté et qui dit être l'auteur d'un homicide volontaire commis quelques mois auparavant place du Maroc, dans le XIXe arrondissement de Paris. Je crois que cette enquête est chez vous.

Exact, nous avons le dossier : le 8 septembre 1985, dans la nuit, un certain Miloud S. a été lardé de plusieurs coups de couteau au cœur de ce quartier populaire. Pas d'éléments, pas de témoin, le genre de dossier dont on se dit que seul un miracle permettrait de l'élucider. Jusqu'au coup de fil de La Villette. Peu convaincu, je demande que l'homme soit conduit au 36 où il est placé en garde à vue. Il s'explique, se confesse :

— J'ai 55 ans, je fréquente les squats, je ne me considère pas comme un clochard mais je dors dans la rue depuis deux ans. Une nuit de septembre dernier, je dormais lorsque j'ai senti que l'on me fouillait. J'ai alors vu un jeune homme qui tenait mon portefeuille, je me suis redressé, il y a eu une bagarre, j'ai sorti un canif de ma poche et je l'ai frappé, il ne me lâchait pas ! Il est resté debout, puis s'est mis à battre des ailes, à lever les bras en faisant des mouvements désordonnés. J'ai rassemblé mes affaires, il me manquait une pièce de 10 francs (1,50 euros) de 1934 que j'avais fait expertiser.

— Et ensuite ?

— Je me suis roulé une cigarette sur place, me foutant éperdument de ce qui pouvait m'arriver. J'ai regardé l'heure : 1 h 30. Quelques jours plus tard en lisant *Le Parisien*, j'ai appris que mon agresseur était un Arabe et se prénommait Miloud. Les jours ont passé, j'ai oublié cette histoire. Mais depuis mon moral est au plus bas, j'y ai repensé et j'ai décidé d'aller en prison où je serai nourri et soigné.

Dans la poche de notre Miloud, il y avait une très ancienne pièce de 10 francs, datée de 1934.

13

Les ravisseurs au tapis

— Cristal 16 de Z2, retour immédiat au 36.

Cristal 16, c'est moi, et Z2, l'état-major. Sirènes, gyrophare, direction le 36, escaliers au pas de charge, le bureau du patron, Claude Cancès, où il y a déjà la BRI, l'antigang, signe de mauvais temps. La PJ vient d'être saisie de l'enlèvement de la femme d'un grand chef d'entreprise, Mme Michel Pelège, à la sortie de sa pharmacie :

— Nous venons d'avoir une information de la PJ du XVIIIe, relayant un tuyau du bureau de police. Un témoin s'est présenté. Il habite avenue de Clichy ; en sortant de son immeuble, il a croisé des gars qui rentraient un grand tapis.

— Ben oui, et alors, c'est pour ça que vous me faites rentrer, j'ai deux cadavres sur les bras, moi !

Ça m'a échappé, mais l'appel de « Z2 » m'a saisi sur le lieu d'un double meurtre dans le milieu turc, au cœur du Xe arrondissement, du côté du faubourg Saint-Denis. Je n'y étais pas depuis cinq minutes, quand la radio a craché ! En ce mois d'octobre 1990, je suis chef de groupe depuis six ans, le gamin du commissariat de Saint-Germain a bien grandi !

Je dois l'avouer (il y a prescription), j'ai râlé pour la forme, mais cette affaire d'enlèvement me « branche » plus que mes deux Turc trucidés.

— Je sais, Pasqua, mais il croit avoir vu des cheveux dépasser du tapis.

— Effectivement, cela change tout. Et quoi d'autre ?

— Il a noté le numéro d'immatriculation sur un carton de rond de bière, un sous-bock, l'a transmis aux collègues du coin qui nous ont appelé au cas où. Pour l'instant, on n'a rien d'autre.

Je ne sais pas pourquoi mais je sens qu'il s'agit d'un bon tuyau. À l'instinct, l'intuition, cette faculté sans doute innée qui vous envahit sans que l'on puisse dire pourquoi ni comment, un atout pour un flic. Le flair, le pif.

*

Tout enquêteur en police judiciaire, plus particulièrement dans un service hautement spécialisé tel que la crim', apprend bien vite à se méfier des considérations hâtives. Il doit évacuer les a priori, maîtriser ses sentiments, ne pas juger les personnes en fonction de leur comportement immédiat, bref être rationnel et logique.

Force est pourtant de reconnaître qu'à la vue d'un visage, d'un objet, à la lecture d'une ligne, d'un mot, parfois d'une image fugace dans un décor banal, d'un son distingué au milieu du brouhaha, un déclic se produit : tel élément insignifiant prend brusquement un relief particulier et s'impose à l'esprit au point qu'il devient impossible de l'évacuer. Il faut vérifier, corroborer mais c'est bien souvent le début d'une piste.

Je ne crois ni au sixième sens ni à la prémonition, alors quoi ? Pourquoi mon esprit est-il brusquement en éveil tandis que personne autour de moi ne remarque rien ?

J'ai souvent réfléchi à ce phénomène et, à l'analyse, il apparaît que ces flashs intuitifs sont l'apanage de policiers ayant acquis une certaine expérience dans leur domaine. Les sens fournissent au cerveau quantité d'informations dont il n'analyse et ne retient qu'une partie, mais son conditionnement à l'enquête lui fait sans nul doute reconnaître, inconsciemment, en dehors de toute réflexion et logique, un élément déterminant. Cela suppose une grande concentration qui ne peut être que le résultat de la passion pour le métier.

*

Je me rends aussitôt sur place avec mon groupe, repère les lieux, prends le témoin en charge, vais avec lui au café, lui fait répéter mille fois sa version. Il me paraît fiable, dans ses propos et son comportement, ce qui n'est pas souvent le cas en telle circonstance. Pour moi en effet là, c'est bon, et je rappelle Cancès :

— Monsieur le directeur, ça sent bon, il faut creuser.

— OK, foncez !

Nous remontons la piste du fourgon, loué sous un nom bidon ; c'est plutôt louche. Grâce à notre témoin au sous-bock, nous connaissons donc l'immeuble où ils sont entrés. On pénétre dans le hall, et j'examine avec mes gars la liste des locataires, les noms :

— Monsieur et Madame…

— C'est pas bon.

— Mademoiselle…

— Laisse tomber.

Par déduction et élimination, nous ciblons un appartement, avec l'aide discrète d'un promeneur de chien local. Une planque est décidée ; c'est le rayon de la BRI, l'antigang. Elle tarde, la crim' s'y colle alors que nous devrions être derrière nos machines à écrire pour commencer la procédure. À 6 heures du matin, la décision est prise : entrer dans l'appartement, en force avec l'antigang. Porte enfoncée. Mme Pelège est enchaînée sur une chaise, un homme à ses côtés. Il n'a pas le temps de comprendre ce qui lui arrive. La nuit a été courte.

La bande se compose de deux étudiants en droit dont l'un accumulait les échecs professionnels et sentimentaux. Ils ont imaginé un scénario invraisemblable voué à l'échec. Le premier, Max, avait feuilleté un exemplaire de *Paris Match* et découvert Michel Pelège, grand patron du secteur du bâtiment, au bras de son épouse. Il s'est mis en tête d'enlever celle-ci contre rançon, 12 millions de francs (1,7 million d'euros). Max fait louer par ses parents un appartement dans Paris en leur assurant avoir trouvé du travail, puis contacte son ami Jean-Luc, un garçon serviable, désintéressé. À l'âge de 26 et 27 ans, ils ont tous deux écopé de peines de quatre ans d'emprisonnement en 1992 après que leurs avocats eurent plaidé l'immaturité et les deux auteurs demandé pardon. « Ni haine ni hargne », ont-ils martelé tandis que Mme Pelège, entre deux sanglots, a elle aussi, pardonné à l'audience :

— Ils ont l'âge de mes enfants mais j'ai eu très peur de mourir...

*

Ma modestie, après cette affaire, en a pris un coup : j'étais celui qui avait du nez. Et Cancès en a rajouté une louche :

— Quand j'ai vu Pasqua dire : « C'est bon », j'ai su que c'était plié.

Ma réputation de Sherlock Holmes est alimentée par Gérald Sanderson, l'un de mes collègues :

— Je fais vingt-cinq parkings, je ne trouve pas une bagnole ; Bernard en désigne une : c'est la bonne, elle est volée et il tombe sur une escroquerie à l'assurance.

À la même époque, j'ai eu une sorte d'intuition, et beaucoup de chance – autre atout du flic

– dans une autre enquête ayant défrayé la chronique.

Le 26 septembre 1987, deux hommes font irruption, par la sortie de secours, dans un célèbre cabaret connu des initiés, *Le Topless*, boulevard de Clichy, dans le XVIIIe arrondissement de Paris. Alors que le spectacle vient à peine de débuter, ils arrosent au pistolet-mitrailleur, comme dans un film de Scorcese, tout ce qui bouge et qui traîne. Bilan, trois morts, un client et deux employés, et un blessé. Un miracle : il y avait ce soir-là une centaine de touristes étrangers attendus une heure plus tard. *Le Topless* est un bar à hôtesses, les jolies demoiselles font la conversation et poussent à la consommation les clients. Dans d'autres endroits, cela tourne à la prostitution, mais pas ici. Les filles sont payées « au bouchon », plus le client boit, plus elles encaissent, point final.

Nous les interrogeons :

— Cet après-midi on a eu deux Italiens. Ils ont beaucoup consommé, ils ont voulu aller plus loin, on a dit non… Ils sont partis, mais ils avaient l'air énervé.

Un témoin précise :

— Après la fusillade, les deux tireurs sont montés dans un taxi, une Volvo grise.

La suite de l'enquête dépend des « Boers », le surnom de la police des 14 000 taxis de la capitale. Leur fichier nous fait soupirer : les taxis Volvo sont courants, plusieurs centaines ! Il va falloir contacter les propriétaires, un par un.

Nous faisons diffuser un message par l'intermédiaire de leurs centraux radio, mais nous avons peu d'appels.

Le 28 septembre, deux jours après le carnage inexpliqué du *Topless*, le téléphone sonne dans mon bureau :

— Bonjour, j'ai entendu votre appel, j'ai un taxi Volvo gris…

— Oui.

— Le soir de la fusillade, là, j'ai chargé deux clients, près du *Moulin-Rouge* et je les ai déposés dans un hôtel de la porte de Pantin. C'était deux étrangers, ils avaient un accent

— Où êtes-vous ?

— Sur le périphérique.

— On peut se retrouver porte de Pantin.

— Tout de suite ?

— Oui.

Mon taxi nous conduit à un hôtel *Mercure* situé non loin du boulevard périphérique. Les deux clients sont partis, déception, mais nous disposons d'un nom : Giuseppe Tognoli. Je décide de chercher du côté de nos confrères italiens : Tognoli est un faux nom, un *alias* utilisé par un bandit surnommé « Nic », soupçonné d'avoir participé avec un complice se faisant appeler « Fac », à plusieurs vols à main armée ainsi qu'à l'enlèvement de l'épouse d'un banquier suisse, Joke Otto, en mai 1986. Les fichiers se mettent à parler : l'un au moins a participé à une fusillade à Bâle, et les deux ensemble à une autre en octobre dans un poste de douane situé à Viry, où un gendarme et un douanier ont été tués. Les renseignements suisses évoquent une équipe de malfrats internationaux organisés à partir de Bergame. Ils sont d'ailleurs activement recherchés par plusieurs polices d'Europe. Autrement dit, c'est du gros gibier !

Nous montrons les photos de nos deux Ritals aux employés du *Mercure* et du *Topless* : gagné, ce sont bien les tireurs. Les empreintes de « Nic » et « Fac » ressortent sur une arme découverte en Suisse. La même que celle utilisée au *Topless*.

*

Je n'aurai jamais le plaisir relatif de coffrer mon duo italien. Alors que nous sommes sur les autoroutes italiennes, il y a une fusillade sur une route de Brescia : Nic est blessé, Fac tué après avoir forcé un barrage de carabiniers. Frustrant. Je lâche même :

— Ils l'ont fait exprès, ce n'est pas possible !

Le « gang des Bergamasques » faisait régner la terreur dans cette région et, gros consommateurs de cocaïne, rayonnaient sur toute la zone frontalière. Ils n'hésitaient pas à s'expatrier pour assouvir leur soif d'action ou de sexe.

Comme au *Topless*.

En ces années quatre-vingt, j'ai poursuivi un autre style de gibier, plus dangereux encore. Du genre qui avait déclaré la guerre à la société : Action directe !

14
La saga Action directe

La cour d'honneur de la préfecture de police est d'une tristesse effrayante ce 3 juin 1983. Il est 9 h 30, deux cercueils reposent sur des tréteaux, recouverts de tricolore. Le préfet de police est là, le secrétaire d'État à la Sécurité, Joseph Franceschi, et le ministre de l'Intérieur Gaston Defferre aussi. Le ban et l'arrière-ban de la police assiste aux funérailles de deux des leurs, morts en service. Il y a de la colère dans les rangs, on grogne contre les politiques. Defferre s'est empêtré à l'Assemblée nationale dans une déclaration associant police et racisme. Le divorce entre le gouvernement et les policiers est consommé. Dans son allocution, Franceschi souhaite « que l'ensemble des forces de police serre les rangs ». Cinq cents hommes et femmes de la PP l'écoutent, la plupart avec rage. Defferre se garde bien de prendre la parole. Lorsque le convoi ministériel quitte la cour, les sifflets et cris fusent : « Démission », « Assassins ». Un cortège se forme et l'impensable arrive : une manifestation de policiers sous les fenêtres du ministère de la Justice : « Badinter démission ! » Le directeur général de la police nationale, Paul Cousseran, y laissera sa tête, bien que ce chahut surtout parisien ne lui soit pas imputable. Il ne sera pas le seul.

La justice est l'objet de la colère, des policiers et particulièrement du corps des gardiens de la paix. Depuis mai 1981, beaucoup pensent qu'elle se montre bien trop aimable avec les voyous. Bien sûr tous les policiers ne sont pas « de droite », d'autant plus que la crim' est un service à l'écart de la politique. Mais cette époque est tranchée, dure, soulève les passions. Le pouvoir veut des flics sur lesquels il peut s'appuyer, certains en profitent pour se placer, d'autres affirment leur conviction avec plus de force. Comme l'un de mes collègues qui, à chaque fois qu'il voyait passer le cortège présidentiel sur les quais, ne pouvait s'empêcher de lancer :

— Tiens, voilà l'usurpateur !

Revenons à cette journée de deuil et de colère : À cette heure, nul ne sait encore que les deux policiers que l'on enterre ont été abattus par des membres d'Action directe… Amnistiés par François Mitterrand deux ans auparavant !

*

Action directe : deux mots, un sigle, une étoile à cinq branches, noire sur fond blanc.

Une signature sanglante qui a hanté de nombreux policiers, dont moi !

Je ne savais presque rien d'eux jusqu'en août 1984. Je suis nommé chef de groupe, je remplace l'inspecteur Hildebrand devenu commissaire. Je reprends donc ses dossiers, dont celui d'Action directe, la fusillade du 31 mai 1983. Celle qui par ricochet, provoqua la fronde policière.

Ce jour-là, quatre policiers en civil du IXe arrondissement de Paris sont en ronde dans le quartier de l'avenue Trudaine en mission de lutte contre les cambriolages. Trois hommes et une femme, gardiens de la paix et brigadier. Ils aperçoivent deux hommes, porteurs de gros sacs… Les policiers s'approchent, les deux hommes se retournent, sortent des armes et tirent… Fusillade générale. Quatre autres personnes se joignent aux tireurs.

Deux policiers sont tués sur le coup, le brigadier Émile Gondry et le gardien de la paix Claude Caiola, qui sera achevé à terre, comme un chien. Un troisième, le brigadier Guy Ade, est blessé à l'épaule tandis que la gardienne de la paix Dominique Le Hidoux se réfugie derrière une voiture et appelle des renforts. Les malfaiteurs s'enfuient, cinq d'entre eux tentent de prendre en otage un conducteur, il résiste, sa voiture est criblée de balles. Une femme est éjectée de sa Renault 5, dans laquelle les agresseurs s'engouffrent et détalent. Le sixième prend la poudre d'escampette à pied. Pour se couvrir, il arrose au jugé des façades d'immeubles et de commerces. Miraculeusement, aucun blessé !

*

La crim' est bien sûr saisie ; je ne suis, à cette époque, pas concerné. L'enquête de voisinage permet de reconstituer un scénario d'une violence inouïe, perpétré par un véritable commando. Beaucoup pensent d'abord à un transport de drogue qui a mal tourné. Les trafiquants ont repéré les flics et ont tiré. C'est Patrick Riou, ancien patron de la brigade des stups et du proxénétisme (la BSP, avant que ces deux secteurs bien différents soient scindés), numéro deux de la crim', qui mène l'affaire. Pour beaucoup, si Riou est là, c'est qu'il s'agit d'une histoire de came.

Au sein de la crim', certains ne sont pas d'accord, notamment la SAT, la Section antiterroristes. Auparavant, c'était juste un petit groupe en charge des activistes d'extrême gauche, surnommé « le groupe des gauchos ». En 1978, la montée du terrorisme entraîne la fondation de la SAT, la « Section Anti-Tout », comme ils disent. Pour celle-ci, cette fusillade est l'acte de militants extrémistes. En mai 1981, dans le cadre d'une « réconciliation nationale », la quasi-totalité des détenus « politiques » a été libérée. Je m'en suis personnellement entretenu avec un membre de la majorité politique d'alors. Il m'a confié que la volonté du gouvernement Mitterrand avait été de faire rentrer les brebis égarées au bercail… Angélisme !

Parmi les amnistiés : Action directe (AD), un groupuscule d'extrême gauche lié au mouvement anarchiste, dont les têtes pensantes se nomment Jean-Marc Rouillan et Nathalie Ménigon. Ils se sont connus et aimés, ils ont fait la bombe ensemble : une quinzaine d'attentats à l'explosif, sans gros dégâts, en 1979 contre le CNPF, syndicat patronal, ou l'École militaire. Le couple a été piégé et arrêté par les RG en 1980 rue Pergolèse, à Paris. Ménigon avait froidement tiré un chargeur entier sur les policiers sans les atteindre, à l'époque j'avais travaillé sur ce dossier.

Le couple est libéré à la faveur de l'amnistie et revendique aussitôt, par voie de presse, la violence au nom de la fin de l'exploitation de l'homme par l'homme. Sans réaction. Naît ainsi en France un mouvement ultracontestataire lançant de véritables appels au meurtre. L'un de ces angelots affirme avoir été libéré « grâce aux porcs auxquels les élections ont permis de récupérer la belle couleur rose qui leur est naturelle »…

À peine sortis, ils règlent leurs comptes : l'indicateur qui avait permis leur arrestation est abattu. C'est un haut fonctionnaire de police qui a fourni son nom à Jean-Marc Rouillan ! Comme il ne peut être envisagé par les autorités politiques de l'époque que la scène de guérilla urbaine de l'avenue Trudaine puisse être attribuée à des militants d'extrême gauche, on choisit le droit commun.

Je rentre donc dans ce dossier en août 1984.

*

Le ton a changé, la crim' est désormais sûre de l'implication d'AD dans la fusillade. Un mystérieux corbeau s'est fendu de plusieurs lettres anonymes. Il donne le nom du commando, l'unité Marcel-Rayman, un martyr de la révolution, et des détails sur une jeune femme du commando. Selon la lettre, elle a été hébergée chez un écrivain devenu célèbre, plus connu à cette époque comme « nègre » de people. Dans le dossier Trudaine, plusieurs témoins décrivent un Asiatique parmi le commando. Pour le corbeau, notre Asiate est un Arabe membre d'AD. Sa complice est la jeune femme que le corbeau surnomme « Blonblon », et qui va hanter nos jours et nos nuits.

L'auteur, c'est une piste sur laquelle il y a eu des heures de travail et de surveillances discrètes. À partir de laquelle, entre autres, nous sommes remontés vers tous les acteurs de cette sauvage équipée d'un après-midi de mai 1983. Et avons tout su de leurs plans involontairement déjoués par des policiers qui l'ont payé de leur vie.

À cette époque, le commando suspecté serait composé de : les deux frères Nicolas et Claude Halphen, Régis Schleicher, trois Français ; deux Italiens, Gloria Argano et Franco Fiorina ; un Français d'origine algérienne, Mohand Hamami, sans doute notre « Asiatique ». D'après leur pedigree ils sont tous situés dans la mouvance violente de l'extrême gauche.

Claude Halphen, dit « Casquette » pour je ne sais quelle raison, a fait partie avec son frère d'une organisation italienne clandestine.

Hamami a participé à un attentat et perpétré des hold-up. La plupart sont arrêtés.

« Blonblon », une ex-amie de « Casquette », qui n'aurait pas participé à la fusillade, se met à table et permet en partie à Hildebrand de mettre la main sur un premier groupe de tueurs. Nous avons l'impression qu'elle est très proche de l'auteur des lettres anonymes, pour ne pas dire plus !

À l'été 1984, la crim' a identifié et interpellé la plupart des suspects dont les frères Halphen. Tous sont membres d'AD. Je parle de « premier groupe » à dessein, car il y en a un second dont je dois m'occuper sans tarder. Et un troisième cercle constitué de soutiens logistiques tels l'auteur évoqué ou une journaliste de radio éperdument amoureuse de Claude Halphen. Par amour ou par idéologie, il y a eu de la part de ces gens-là, ces « people », soutien et assistance apportés au commando : location d'appartements, fourniture de ravitaillement. Cette partie de l'enquête a été balayée, et bien, par le groupe Hildebrand, un bourreau de travail dont le bureau était sans cesse allumé, jour et nuit.

*

Ma cible est Hamami, pièce manquante du premier cercle. Mon juge d'instruction se nomme Jean-Louis Bruguière. Je connais ce magistrat, forte personnalité, la pipe toujours vissée au bec, d'aspect bougon qui est alors – plus tard, il n'en sera pas ainsi – en odeur de sainteté à la crim'. Il nous fait confiance, se montre proche des enquêteurs. Bruguière a pris la responsabilité, lors des premiers coups de filet contre Action directe, de maintenir les charges et le cap de l'enquête, alors que les éléments sont encore légers.

En avril 1982, Hamami a été « serré », comme nous disons dans notre jargon, à la sortie d'un box contenant armes et explosifs, puis « élargi » grâce à la clémence de l'État socialiste. Sa trace se perd en Algérie, selon la fameuse sécurité militaire locale. Avec Bruguière et l'inspecteur Jean-Louis Huesca, on file vers Alger.

Mission délicate : Hamami aurait un oncle commissaire de police en Algérie et bénéficierait de protections. Huesca a tenu à cette mission car il est né à Alger, dans le quartier du Ruisseau. Le départ pour Alger est déjà agité : lundi matin, Bruguière doit me retrouver à Orly, il part du 36 avec mon adjoint et un chauffeur. Ils arrivent en retard, des journalistes font le pied de grue dans la salle d'embarquement, l'enregistrement du vol est terminé. Bruguière demande à parler au chef d'escale et obtient de rouvrir les guichets rien que pour nous. Aubaine dont bénéficie un vieil homme encombré de malles, lui aussi fâché avec les horaires, qui n'en finit plus de nous remercier. Ça commence bien !

Arrivés en Algérie, nous sommes accueillis froidement par les douaniers : on m'avait prêté peu avant le livre de souvenirs du capitaine de gendarmerie Paul Barril et j'ai eu la mauvaise idée de l'emporter en voyage : sur la photo de couverture, Barril pose avec un keffieh, ce qui a plus qu'intrigué les fonctionnaires des douanes. Ils l'ont retourné dans tous les sens jusqu'à ce que deux policiers locaux chargés de nous réceptionner nous tirent de ce mauvais pas. On nous conduit à notre hôtel, splendide édifice, enfin extérieurement, datant de l'époque coloniale. Chacun sa clef, les chauffeurs nous attendent sur le trottoir, jusque-là, tout va bien. Mais ça se gâte très vite. Le « palace » algérois est bouffé aux mites, cradingue, la moquette trouée. J'appelle Huesca :

— Dis donc Jean-Louis, ma baignoire est pleine d'eau.

— La mienne aussi. Tu sais pourquoi ? La femme de ménage, elle prend l'eau avec le seau dans la baignoire.

Bruguière surgit, rouge de colère :

— Bougez pas, je vais appeler…

Qui ? L'ambassadeur sans doute car, une demi-heure plus tard, on nous prie de faire nos valises dare-dare, et nous sommes conduits à *l'Aurassi*, le plus grand hôtel d'Alger. Nous y restons une semaine, sans rien apprendre de mirobolant sur notre cible. Avec la quasi-certitude que l'on nous cache la vérité. Nous apprenons que personne de sa famille n'est, officiellement, dans la police. Nous en déduisons qu'il a sans doute été débriefé par les services secrets de son pays, peut-être manipulé, et qu'il a pris la tangente en

Afghanistan ou ailleurs, en Libye plus vraisemblablement. Nous n'avons rien sur lui, même après avoir rencontré ses proches.

La police locale a collaboré. Sans plus. Nous repartons bredouilles. Hamami a disparu et je n'ai plus jamais entendu parler de lui. Tout laisse à penser qu'il est mort lors de missions particulières. Ou « suicidé ».

*

Action directe tient d'une saga qui ne va plus nous lâcher. Je me suis échiné à en démêler l'écheveau en 1987 dans une synthèse adressée au juge Bruguière, qui pourrait simplement s'intituler « Chronique d'un terrorisme bien de chez nous », s'il fallait schématiser. Cela fait aujourd'hui partie de notre histoire.

*

L'aventure a débuté dans le milieu des années soixante-dix, pendant lesquelles divers groupes d'extrême gauche n'ont cessé de se livrer en France à des actions de plus en plus sophistiquées : assassinats, attentats à l'explosif, vols à main armée. D'inspiration tantôt marxiste-léniniste, tantôt anarchiste, ils ont prôné dès le départ la destruction de la société capitaliste par des actes symboliques, puis se sont aguerris, affinant leurs propos, se radicalisant et confrontant leurs expériences à celles de camarades et amis menant des opérations de guérilla en

Europe de l'Ouest : Italie, Belgique, République fédérale d'Allemagne (RFA) d'avant la chute du mur de Berlin. AD est une véritable appellation sous laquelle se sont retrouvés, en 1979, des groupuscules de sensibilités différentes principalement issus de la région parisienne. Avec des hommes et des femmes au cœur de ce qu'il est convenu d'appeler l'euroterrorisme : Jean-Marc Rouillan, Nathalie Ménigon, Régis Schleicher, Joelle Aubron, Georges Cipriani, Hélyette Bess, la « Mama ».

À l'origine, trois organisations frappant les intérêts espagnols ou sud-américains au nom de la lutte antifranquiste ou anti-impérialiste : le GARI (Groupe d'action révolutionnaire international), les NAPAP (Noyaux armés pour l'autonomie populaire) et les brigades internationales.

C'est au GARI, dans la région de Toulouse, que se fait remarquer Rouillan, alors jeune militant anarchiste et vague relation de Puig-Antich, militant de même obédience exécuté en Espagne en 1974. Les GARI sont démantelés par un commissaire, un certain Jacques Genthial, futur patron de la crim' !

Libéré, Rouillan fait connaissance des milieux autonomes dont font déjà partie Ménigon, Aubron ou Schleicher. Ménigon, active dans les grèves de la Banque nationale populaire (BNP), où elle est employée, et Rouillan tombent amoureux l'un de l'autre.

Été 1978 : Ménigon est arrêtée en revenant de Grande-Bretagne avec Schleicher et un futur théoricien d'AD. Elle vient de démissionner de la BNP.

De mai à septembre 1979, pour la première fois, le nom d'Action directe apparaît. Une mystérieuse et nouvelle organisation revendique des attentats contre des ministères et bâtiments officiels au nom de la « lutte armée communiste pour la destruction de la société capitaliste ».

Août 1979 : vol à main armée à la perception de Condé-sur-Escaut, dans le nord de la France, 16 millions de francs (2,3 millions d'euros) de butin, des liens établis avec AD et première apparition de celle que l'on surnommera la « Mama », Hélyette Bess, qui a apporté une logistique au commando.

En 1980, afin de mettre un terme à la série d'attentats revendiqués par AD, des opérations coups de poing sont effectués dans les milieux d'extrême gauche parisiens où sont découverts des explosifs, et où tombe un certain Hamami, que l'on retrouvera bien plus tard dans la fusillade de l'avenue Trudaine.

À l'automne, sont sous les verrous Rouillan, Ménigon, Moreau, Schleicher et Hamami. Ils sont tous amnistiés en 1981.

Ils se dotent alors d'une structure légale, le Conseil ouvrier paysan, installé dans un squat, et recrutent dans les milieux marginaux et immigrés de la seconde génération.

En 1982, AD vit des moments internes difficiles, certains militants s'opposent à Rouillan, refusent la lutte armée, le terrorisme. Car le noyau dur s'engage de plus en plus dans la voie de la violence. Après l'attentat de la rue des Rosiers, Rouillan est interrogé au 36, Ménigon déboule, folle de rage, menace de se jeter par-dessus la rambarde, exige la « libération » de son compagnon :

— Vous allez lui faire le coup de Mesrine, assassins !

Rouillan n'est pas inquiété, il fait juste partie des possibilités et l'enquête le passe au tamis. La rue des Rosiers, le mitraillage du restaurant de Jo Goldenberg, ce n'est pas AD, nous le savons... Mais nous « fermons les portes » !

De plus en plus vindicative, Action directe menace, affirme vouloir continuer le combat, quelle que soit la couleur du gouvernement. Celui-ci prend la mesure du danger et décide de dissoudre AD. Schleicher épouse Aubron. C'est le plongeon dans la clandestinité, la lutte armée jusqu'au bout.

1983, affaire de l'avenue Trudaine. Recrutement de Cipriani, ami de Bess et Schleicher. Les membres d'AD ont coutume de se retrouver dans le cimetière du Père-Lachaise, à l'abri des regards indiscrets, lieu idéal pour y dissimuler armes et explosifs.

Le 14 octobre, vol à main armée à Paris, un braqueur est abattu, deux policiers blessés. Schleicher est identifié parmi les auteurs. Lui, Rouillan et Ménigon sont localisés dans un immeuble de Levallois-Perret (Hauts-de-Seine) mais ils nous échappent. Un militant extrémiste italien tombe entre nos mains, la police italienne arrête Gloria Argano, la femme de l'avenue Trudaine, et un certain Bruno Bertelli. Interrogé, il parle de la « mama » Bess, et de « Klaus », le nom de guerre de Schleicher.

Bess est dans notre ligne de mire. Filée, elle est arrêtée au Pontet avec d'autres AD. Nous avons affaire à une « internationale terroriste » : AD est en contact avec la redoutable « Rote Arme Fraktion » (RAF), en RFA, et les Brigades rouges italiennes.

Après les bombes, AD change de stratégie : le meurtre politique devient leur nouvelle arme de guerre. Le général Audran est abattu devant chez lui en 1985 ; le général Blandin échappe de peu au même sort. Georges Besse, P-DG de Renault, est tué devant son immeuble en 1986 ; Guy Brana, vice-président du syndicat patronal CNPF est pris pour cible, en réchappe par miracle, son chauffeur est tué.

Le pouvoir politique entre-temps a changé de mains, Pasqua – le ministre pas moi –, parle de « terroriser les terroristes ».

Interpellations, perquisitions, AD est notre objectif numéro un. Nous ramassons par sacs entiers les documents de leur prose habituelle. Mais aucune trace de leurs leaders. Rien. Rageant. À force, nous nous marchons sur les pieds avec d'autres équipes de la crim' ou d'autres services de police qui, comme nous, pataugent. Où sont-ils ? Que préparent-ils ?

C'est la course contre la montre. Il existe deux cas où la crim' n'a pas le temps comme allié :

lorsqu'elle traque un tueur en série, ou des terroristes. Les deux peuvent frapper à tout moment !

Nous pratiquons la politique de la terre brûlée, arrêtant systématiquement des sympathisants d'AD pour essayer de trouver une touche, un contact, une clé, si infime soit-elle, pouvant nous amener vers notre objectif. Gardes à vue, interrogatoires : des dizaines de militants d'extrême gauche, ayant approché de près ou de loin ceux que nous recherchons, passent sur le grill, tout est vérifié, recoupé. Toujours le fameux rouleau compresseur de la crim'. Mais tout le monde est sec. La police, toutes les polices, piétinent. Action directe a déclaré la guerre, les portraits de la bande des quatre, Rouillan, Ménigon, Cipriani, Aubron, ornent tous les commissariats, toutes les gendarmeries.

*

Le samedi 21 février 1987, le RAID investit une ferme à Vitry-aux-Loges, dans le Loiret. En début de soirée, à la suite d'un renseignement confidentiel, comme nous disons pudiquement, et des surveillances, les hommes et femmes les plus recherchés de France sont enfin arrêtés. Rouillan, Ménigon, Cipriani et Aubron pensaient couler des jours tranquilles au fin fond de la France profonde, se fondant habilement dans le paysage et la population locale, au nez et à la barbe des gendarmes du cru qui n'y ont vu que du feu. Le RAID découvre un véritable trésor :

armes, explosifs, documents administratifs français et belges, plans d'action contre de nouvelles cibles, revendications d'attentats passés tel l'assassinat de Georges Besse. Une cache destinée à « accueillir » leur prochaine cible a été aménagée. Action directe projetait un enlèvement spectaculaire, avec le traditionnel passage devant le « tribunal populaire », façon Aldo Moro.

Ce jour-là, je devrais me sentir soulagé, content d'en avoir fini avec ces terroristes. Mais je suis amer ! Comme un désenchantement, ce qui m'est rarement arrivé au cours de ma carrière. Un état d'âme, le sentiment d'avoir été tenu à l'écart, laissé pour compte au sein de ma propre famille, celle que l'on dit être la « grande maison ».

Je suis absent de Paris, j'ai laissé comme de coutume mes coordonnées à mon adjoint. Il n'y a pas de téléphone dans la maison où je me trouve, en cette époque pré-portable, et c'est donc un gardien de la paix qui frappe à ma porte le samedi à 7 heures, me demandant de rappeler immédiatement Huesca. Je cherche une cabine téléphonique, et Jean-Louis m'apprend que la veille au soir, les quatre ont été arrêtés dans une localité dont j'ignorais jusqu'alors l'existence, par le RAID et la Direction centrale de la PJ (DCPJ). Je remonte à Paris dès l'après-midi.

Je comprends rapidement que nous avons été écartés. Le RAID a été tuyauté par les RG – on nous parlera par la suite d'une « information » de ce service ou des gendarmes ; on ne le saura jamais, il y avait une prime à l'appui.

La crim' a été court-circuitée. Plus tard, en poste à l'antiterrorisme à la DCPJ, on m'a confirmé que la volonté du moment était de ne pas nous associer à cette opération. Pour cause de guerre des polices.

Une guerre à sens unique, puisque la crim' n'avait pas de mauvaises relations avec les autres services ! Mais c'est ainsi, le 36 paye parfois sa popularité, on murmure « les belles affaires, c'est toujours pour les seigneurs de la crim' ». Est-ce notre faute ?

Je me rends le dimanche à Vitry avec Jean-Marie Zara, le procédurier. Il n'y a plus rien, les quatre ont été rapatriés et sont en garde à vue. Il nous fallait tout de même voir les lieux où les personnages qui avaient hanté nos nuits vivaient paisiblement dans des habits de paysans.

Je suis tellement en colère, que j'envisage même de quitter la crim' pour rejoindre Marcel Leclerc chez les bœufs-carottes.

Point final de « ma » saga AD, mais j'en ai encore le blues.

15

Le gang des Postiches, acte I

Rue du Docteur-Blanche

On les a vus dévaler l'escalier, partir en trombe, comme d'habitude. Les copains, ceux de l'antigang et de la BRB. J'ai reconnu la silhouette de Cancès, le patron de l'antigang, et celle de Mertz, son alter ego à la répression du banditisme. On ne fait pas plus attention que ça ; nous, à la crim', les braquages… Tout juste s'interroge-t-on :

— Plan Ballon ?

Ce nom de code un peu étrange est celui de l'arme absolue, la crème des dispositifs, le plan infaillible pour mettre à terre le gang des Postiches.

*

Les Postiches, vous connaissez ? Bien sûr : soit vous avez lu la presse de l'époque, soit vous avez vu un *Faites entrer*... ou un *Enquêtes*..., enfin bref. Je résume pour les retardataires.

De 1981 à 1986, une bande a eu l'idée d'associer le savoir-faire des braqueurs et celui des casseurs. Déguisés en rabbin, en Russe, en Anglais avec chapeau de tweed, en bourgeois à loden, avec fausses moustaches, lunettes et perruques, ils opèrent en plein jour, selon une technique très élaborée : les braqueurs tiennent en respect le personnel et les clients de l'agence bancaire. Rien à l'extérieur ne laisse soupçonner un hold-up, la banque reste même ouverte. Chaque nouveau client est « pris en charge » par les braqueurs dès son entrée. Tout se passe sans cris, dans le calme.

Pendant ce temps, au sous-sol, les casseurs sont à l'œuvre. Ils ne s'attaquent pas à la chambre forte, à l'argent de la banque ; ils ne sont pas idiots : trop difficile. Non, ils fracturent, éventrent les « boîtes à sardines », les coffres des particuliers, ceux de Monsieur Tout-le-monde. Le burin, légèrement inséré, un coup de marteau, et hop !

La bande opère depuis 1981 : époque bénie où les particuliers craintifs planquent dans leurs coffres des valeurs dont ils soupçonnent le nouveau pouvoir socialiste de vouloir les spolier. Sélectionnant soigneusement les agences des beaux quartiers, l'équipe fait un massacre, n'hésite pas à rester plus d'une heure sur place. Parfois, ils se font même deux agences dans la journée, une le matin, l'autre après la pause déjeuner.

De vrais pros : les braqueurs sont calmes, ne hurlent pas, font allonger tout le monde, se parlent sans utiliser de noms, juste des surnoms, « Moustache », la « Glu », « Athos », « Porthos », « Milord » ou « Tintin ».

— Moustache, c'est bon pour toi ?

— Ça roule, la Glu, tout est calme.

Dialogue surréaliste entre le perceur et le braqueur !

Efficace, la méthode : jusqu'à trois cents coffres éventrés en une fois ; toujours la semaine, autre trait de génie (du crime) : le week-end, les banques sont beaucoup plus surveillées. Les faits succèdent aux faits, de manière insolente, les chiffres parlent d'eux-mêmes : mille trois cents coffres pillés entre 1981 et 1986, un préjudice global estimé à près de 190 millions de francs (29 millions d'euros).

Ils sont culottés, mais très organisés. Équipés de scanners, ils écoutent nos fréquences policières, qui sont tout sauf imperméables. Ils repèrent leur cible : une agence au calme, avec de préférence une façade aveugle pour que personne ne se rende compte depuis la rue qu'une attaque est en cours. Ça ne les empêche pas, un jour, de « se faire » une banque à 100 mètres d'un commissariat.

— Moustache, t'as vu, on est près des condés.

— T'occupe, la Glu, bosse.

Avec leurs faux nez, leurs perruques, leurs lunettes en écaille ils gagnent vite un surnom : le gang des Postiches. Une expression aujourd'hui déposée, telle une marque, par les survivants et héritiers du gang qui se sont « rangés des voitures » après avoir purgé leurs – faibles – peines.

L'un d'entre eux s'est même payé le luxe d'écrire un livre : *Ma vie sans postiches* !

*

Pour la presse, l'épopée a un côté sympa : ils ne font pas de morts, s'en prennent aux coffres de ces « riches » particuliers, un genre Robin des Bois… Mais qui ne partage pas avec les pauvres ! C'est aller, comme souvent, un peu vite, oublier la détresse de gens qui n'ont pas perdu que de l'argent, mais aussi des souvenirs, des lettres d'amour, des biens sans valeur pour les voyous, inestimables pour eux. J'ai lu les dépositions de ces soi-disant « riches », ils étaient plus dévastés de s'être fait voler la montre de grand-mère, que les deux lingots d'or mis de côté…

Un autre qui ne trouve pas sympa du tout ces postiches, c'est le ministre de l'Intérieur. D'abord Gaston Defferre (1981-1984), qui pique une mémorable colère :

— Ils pillent les banques, entrent en criant « contrôle fiscal » ! Il y a trois jours, ils ont attaqué une agence avec un masque me représentant sur la figure… Ça va s'arrêter quand ?

Comme d'habitude avec Defferre, c'est la faute de la police ! Mais quand Pierre Joxe le remplace en 1984, le ton change. Joxe est plus froid, plus lucide, il écoute l'avis des policiers.

Les banques en prennent pour leur grade : leur sécurité est uniquement dévolue aux guichets et aux fonds ; pour le reste, rien n'est fait. La vidéosurveillance est embryonnaire, les alarmes inefficaces. De plus les scanners des Postiches font merveille ; même si la police intervenait, elle ne trouverait personne, les voyous ont des oreilles ! Mis en demeure de balayer devant sa porte, l'Association française des banques (AFB) commence par un cadeau : elle dote les forces de l'ordre de radios codées, une révolution !

Policiers et représentants des grandes banques se mettent autour d'une table. C'est le préfet de police Guy Fougier qui mène les débats. Une stratégie est arrêtée : des systèmes d'écoute seront installés dans les salles des coffres et reliés à une centrale. Au moindre bruit suspect, la centrale réagira en téléphonant à l'agence pour vérifier. Si le doute persiste, elle prévient le 36. Aussitôt l'antigang et la BRB foncent et mettent en place le « dispo ». Le plan Ballon est né !

*

Les départs en trombe se succèdent dans l'escalier du 36, nous n'y prêtons même plus attention. On attend le retour pour savoir :

— Fausse alerte, des travaux dans la rue !

Encore un coup pour rien, un bruit de marteau-piqueur ; sensible le système ! Une fois de plus, une banque n'a pas répondu aux appels de la police après une alarme, un sonar s'est mis accidentellement en branle.

Alors, ce 14 janvier 1986, en début d'après midi, le énième déclenchement du plan Ballon, les crissements de pneus des bagnoles de l'antigang, ne nous font pas ciller plus que ça. D'autant plus que le matin même une fausse alerte avait déclenché le bazar !

C'est une agence du Crédit Lyonnais qui a fait bip, dans une artère du XVIe, la rue du Docteur-Blanche. Sur place, l'antigang et la BRB se mettent en place. Le plan est simple : blocage des issues et des rues, surveillance des zones de fuite, quadrillage. Les collègues patientent, attendent de voir. Si le braquage est en cours, ils ne bondissent pas sur les bandits, ils les suivent, puis lorsque la pression est retombée, les « sautent », procédure classique rodée pour l'antigang et la BRB.

Ce coup-ci semble le bon. Les hommes des brigades voient entrer des clients, mais personne ne sort. Soudain, la radio crache :

— Ça bouge.

*

Au 36, à la crim', mon groupe est de permanence, j'épluche un dossier, tout est calme, un OPP-Crayon passe la tête :

— Ce coup-ci ça a l'air sérieux…

— Quoi ?

— Le plan Ballon…

— Ah, OK…

Changement d'atmosphère, nous sentons instinctivement la tension grimper, à des bruits inhabituels, des paroles chuchotées, une animation remontant, telle des effluves, de la salle d'état-major (EM), le cœur de la PJ. Des gens commencent à se regrouper sur le palier de la crim'. À ce moment T, l'horloge s'arrête : on est là, avides d'information, curieux. C'est notre métier. L'OPP fait des allers-retours avec la salle :

— C'est bon, une équipe est dans la banque. Ça y est là, c'est du sérieux, va y avoir quelque chose.

Enfin ! Mais en même temps, nous sommes tendus, pourvu que tout se passe bien !

Je récupère un poste de radio pour écouter le trafic, le pose sur un bureau du groupe, tout le monde s'agglutine et tend l'oreille. Les échanges sont laconiques, réduits.

— Ça y est, les gars sortent.

Chargements de sacs, allées et venues suspectes, tension. Je n'ai jamais su expliquer pourquoi, très vite, sur la foi de quelques commentaires sibyllins car codés, je dis :

— Ça va mal se passer, ça va être pour nous.

Je pressens que la confrontation va « tourner vinaigre » ; s'il s'agit des Postiches, ce sont des costauds qui ne se laisseront pas interpeller sans rien faire. Je n'ai sans doute pas été le seul à le penser. Dans un précédent braquage, coincés dans un sas, deux Postiches ont en effet tiré posément sur la vitre de côté, jusqu'à la détruire pour pouvoir sortir. Ce ne sont donc pas des anges ; pourvu que tout se passe bien…

Nous continuons d'écouter « radio-flic » et, d'un seul coup, il y a un blanc sur les ondes. Une voix angoissée :

— Samu, vite ! Un collègue blessé.

— Oh merde !

Les infos arrivent en vrac : l'inspecteur Jean Vrindts de la BRB est touché, un braqueur est mort, d'autres policiers sont blessés, deux ont été pris en otages dans une voiture en fuite par le boulevard des Maréchaux.

Jusque-là, nous ne sommes que des témoins passifs, écoutant la radio, suivant le périple de cette voiture conduite par Jean-Michel Rolland, un inspecteur. Patrick Ulmer, enquêteur, est assis à l'arrière, ils sont otages de deux malfaiteurs. Avec un décalage, nous parvenons à vivre la course-poursuite ; ils sont dans le Bois de Boulogne. Rolland réussit à s'extraire de la voiture en sautant, prend la fuite, est grièvement blessé. Plusieurs véhicules sont pris pour cibles par les fuyards, avec d'autres otages : un Samu, un 4x4, un autre encore en Seine-Saint-Denis pour se perdre finalement à la limite du Val-de-Marne. Le pataquès, la confusion. Rien de plus redoutable dans notre métier.

Le parquet saisit alors la brigade criminelle. Ce que j'avais pressenti. Cette fois-ci, les Postiches, j'y suis en plein dedans !

*

À notre tour de cavaler : sirène hurlante, nous remontons une rue à cheval sur le trottoir, tout le quartier est « en croix », ça part dans tous les sens.

À l'intérieur de la banque, c'est un champ de ruines : des dizaines de coffres éventrés,

720 000 francs (110 000 euros) de bijoux et argent dérobés. La signature des Postiches.

À l'extérieur : un malfaiteur tué, Gérard Berliner, 29 ans, son corps est encore à terre.

— Et Vrindts ?

— Il est mort en arrivant à l'hôpital.

Il y a des messes basses entre les gars de la BRB et de la BRI, des inspecteurs très remontés, des mimiques se passant de tout commentaire, de l'abattement chez d'autres. Jamais scène de crime ne fut aussi difficile pour nous, mais nous devons faire abstraction et commencer notre travail sans tarder.

Je sens qu'il y a eu un couac, que quelque chose a « merdé », mais quoi ?

*

Nous ignorons alors tout du dispositif et des instructions données. Soixante-sept hommes en civil avaient été envoyés autour du Crédit Lyonnais, à pied ou répartis dans une trentaine de véhicules banalisés. Sous les ordres de deux « grands flics », les commissaires Raymond Mertz et Claude Cancès, respectivement chefs de la BRB et de la BRI, tous deux enfermés dans une même voiture, crispés sur les ondes radio d'où ils suivent les faits et gestes des braqueurs. Leur objectif est de les cueillir en toute sécurité mais en « flag » (flagrant délit), sonnant ainsi la fin d'un gang qui ne les avait que trop nargués.

C'est Cancés, le patron du « dispo ». Il a donné pour consignes de ne pas bouger, comme toujours dans ce type d'affaires. Pas besoin d'être grand clerc pour comprendre que ses ordres n'ont pas été respectés ! Il faut débrouiller tout cela rapidement, savoir pourquoi et comment il y a eu fiasco, à en juger par l'ambiance électrique régnant rue du Docteur-Blanche. Pour ajouter à la confusion, un gros orage a éclaté vers 17 heures. Comme à Saint-Germain-des-Prés lors de l'attentat de Carlos.

Pour la première fois de ma vie, je vais devoir enquêter sur mes collègues.

— On recense tout le monde, je veux savoir qui était là et à quelle place.

Il va falloir tous les interroger, à chaud, sans doute toute la nuit. Le magistrat chargé de l'affaire est Laurent Davenas, un médiatique substitut du procureur de la République, chevelure rousse souvent en bataille, rieur, taquin, et surnommé « le Rouquin » – on a de l'imagination dans la maison.

Sous la pluie battante, nous relevons çà et là des traces de sang, ramassons grenades, armes, munitions, cartes de police, perruques, paires de lunettes, pardessus, plans de Paris et de métro. Nous avons vite compris que, contrairement à l'habitude, les ordres réitérés de ne pas bouger n'ont pas été respectés. Dans ce genre de situation, c'est pourtant le b.a.-ba : on attend.

Dans cette atmosphère lourde, un gardien de la paix m'interpelle :

— Que fait-on du gars qui est menotté rue du Docteur-Blanche ?

— Quel gars ? D'où il sort celui-là ?

Je me rends sur place en courant. Face à la banque, coincé dans le caniveau entre deux voitures, un homme est menotté dans le dos, un gardien de la paix avec lui. Je le regarde. Fixement :

— Ton nom ?

— …

— Tu t'appelles comment ?

— …

Je le fouille, rien ! Pourtant, sa tête ne m'est pas inconnue, il me rappelle quelqu'un, mais j'ai l'esprit ailleurs.

— Emmenez-le au 36, on s'en occupera plus tard.

Nous sommes les derniers à rentrer à la maison, le Quai des Orfèvres brille de toutes ses lumières et grouille de policiers, tous ceux engagés rue du Docteur-Blanche. Il y a un climat d'excitation palpable, et chacun se passe ou se repasse le film de la fusillade, y compris ceux qui n'y étaient pas et ont accouru par solidarité.

Toute la crim' est réquisitionnée pour interroger les flics, de la base au sommet, Cancès et Mertz inclus. Nous savons qu'il y en a pour la nuit, mais il n'est pas question de sous-traiter ces auditions à d'autres fonctionnaires qui n'auraient pas vu les lieux. Qu'un policier entende un autre policier est rare, à l'exception des affaires de discipline. Ce n'est ni simple ni banal. Dans un tel contexte, les choses se compliquent singulièrement : nous sommes face à des policiers soit très abattus, soit en détresse ou excités. Parce qu'ils ont perdu un de leurs amis, ou commencent à rendre les patrons responsables du « loupé ».

*

Je comprends dès la lecture des premiers PV que les instructions données par Claude Cancès n'ont pas été respectées. Cancès m'affirme :

— Aucune intervention à chaud n'a été ordonnée, nous devions entamer une filature et interpeller dans un endroit isolé, quand la pression serait tombée.

D'après les témoignages, Raymond Mertz est sorti de la voiture et a tiré trois fois sur deux des Postiches qui regagnaient leur bagnole, pas loin de la voiture des patrons.

Mertz se défend :

— On a été reconnus, j'étais forcé d'intervenir.

Sa version est plausible…

Pour Cancès, il ne fallait pas bouger. C'est sûr. Il nous explique :

— J'ai crié : « Fais pas le con Raymond… »

Mertz est un chasseur, à cran, nargué depuis trop longtemps par des cibles invisibles qui n'avaient de carnaval que leurs postiches. J'apprendrai plus tard que, lors d'un précédent braquage, il est sorti en hurlant, flingue en main de la voiture et a braqué deux voyous, et que ceux-ci, tétanisés, n'ont pas bougé. A-t-il voulu refaire le coup ? Possible, or là ce n'était pas deux petits malfrats, mais les Postiches !

Nous établissons que les malfaiteurs étaient sept, et tentons de démêler les fils de cet imbroglio quand un collègue de l'antigang me ramène à mon inconnu menotté :

— Il me rappelle quelqu'un

— Moi aussi.

— Faudrait le descendre à l'IJ

*

Il est 23 heures. L'IJ nous donne un nom : Robert Marguery.

Je fais un bond. Enfin une piste. Dans cette ambiance plombée, où les langues se délient dans les couloirs mais pas toujours dans nos bureaux, la nouvelle est de taille. Je dévale les escaliers et fonce au second étage dans le bureau du directeur de la PJ, Pierre Touraine, en grand conciliabule avec mon patron et le préfet Guy Fougier. Il faut déminer, expliquer au ministre de l'Intérieur qui en rendra compte au Président. Et aux médias.

Je déboule tel un chien dans un jeu de quilles dans ce bureau feutré à l'ambiance fin du XIXe siècle d'où rien ne filtre jamais, l'inquiétude se lit sur les visages.

— Nous avons identifié l'homme interpellé.

Tous les regards sont pointés vers moi.

— C'est Marguery… le…

Fougier me coupe.

— Ah oui, le type du *Flatotel*.

Il me sèche le préfet, il a de la mémoire…

16

Le gang des Postiches, acte II

Le Flatotel

Petit retour en arrière, ainsi comme Monsieur Jourdain faisait de la prose sans le savoir, j'ai fait des « Postiches » sans en avoir conscience.

Le 15 novembre 1985 Je suis dans ma voiture, un sandwich à la main, la radio crépite :

— Cristal 16 de Z2.

— J'écoute.

— Rendez-vous au *Flatotel*, 14 rue du Théâtre dans le XVe, toutes affaires cessantes, il y a eu une fusillade.

Au ton de la voix du chef de salle, je comprends que l'affaire est grave.

Le *Flatotel* : un hôtel de luxe sur le front de Seine parisien, dans le XVe arrondissement, avec vue sur la tour Eiffel. De grands immeubles impersonnels, des appartements tout confort pour touristes fortunés et hommes d'affaires…

Direction Bir-Hakeim, le quartier est bouclé. Le groupe au complet m'a rejoint. Montée par les ascenseurs pour accéder au 27e étage. Quelques bribes glanées entre-temps, pas très rassurantes : un enquêteur de la 6e brigade territoriale (BT) – les BT sont les ancêtres des divisions de PJ (DPJ), se partageant hier comme aujourd'hui les quartiers de Paris – a été sérieusement blessé. Le Samu est sur place, un homme a été arrêté.

Petit à petit, j'en apprends un peu plus : une femme de ménage a découvert sous un oreiller un pistolet, et alerté le service de sécurité. Lui-même a prévenu la police et trois inspecteurs arrivent à l'hôtel.

Les policiers fouillent la chambre, mais n'ont pas le temps de « visiter » la suite 277. Au bout de quelques minutes, la porte d'entrée s'ouvre. Trois colosses. Confrontation, bagarre. Deux sont maîtrisés, le dernier prend la fuite. Le premier homme est menotté, le second, plus souple, costaud, parvient à se saisir de l'arme de l'inspecteur Henri Vidal. Et tire. Vidal est touché dans le dos. « Numéro un » en profite et s'échappe, les mains menottées. « Numéro deux », le tireur, est finalement ceinturé et désarmé. C'est bien une affaire pour la crim', car se greffe une autre découverte, de taille : une malle traîne au milieu de la chambre. Une vraie caverne d'Ali Baba : grenades, armes, munitions, chargeurs, et une clé, qui ne correspond à rien… Pour l'instant.

*

« Numéro un » repart tranquillement de l'hôtel. Dans la rue, il hèle un taxi :

En rigolant, il montre ses mains entravées :

— Mes copains m'ont fait une blague, m'ont attaché et m'ont laissé comme ça en emportant les clés...

— Allez montez, va...

La crédulité des gens est parfois sans limite : le chauffeur a emmené le client chez lui, « Numéro un » a appelé un copain qui a cisaillé les « pinces ».

Avant de repartir, le taxi lance :

— Vous savez, même si ça n'avait pas été une blague, je vous aurais aidé.

À cause du contenu de la malle, je pense à une affaire de terrorisme, nous sommes en pleine psychose d'Action directe.

Mais la personnalité de « Numéro deux » est plus proche du voyou que du poseur de bombe. Il se nomme Michel Chellaoui et a loué la suite 277 sous un faux nom, Patrick Chauny, et réglé en espèces rubis sur l'ongle 280 000 francs (40 000 euros). C'est un as du cambriolage.

Quand les collègues nous le confient, il a deux balles de tennis à la place des yeux.

— Tombé dans l'escalier ?

— Et oui, ça arrive...

Nos collègues n'y sont pas allés de main morte, il a sans doute un peu payé pour les autres.

Nous identifions le fuyard aux menottes, « Numéro un » est en fait Robert Marguery, dit « Bichon », un voyou d'habitude selon notre expression. Marguery, Chellaoui, c'est du beau gibier. Je ne me doute pas un instant que je sois tombé sur des « Postiches ».

*

Marguery possède un coquet pavillon à Puteaux, dans les Hauts-de-Seine. Pas âme qui vive. Nous sommes même victimes d'un vol dans notre voiture, le temps de cette intervention : nos blousons en cuir ont disparu, un comble.

Reste la clé dénichée dans la malle. De marque Deny. Pas le tout-venant. Du matériel de spécialiste, du sûr. En outre, elle est limée : une partie du numéro a été effacée, mais il y a un ou deux chiffres visibles. Je demande à ce qu'elle soit examinée par l'Identité judiciaire. Quelques jours après, l'IJ me téléphone :

— On a reconstitué le numéro de votre clé.

Chapeau ! Je contacte le fabricant installé en province, il met à ma disposition son fichier. Deux de mes gars descendent pour fouiller dans les milliers de noms. Joie de l'enquête criminelle : les archives sont dans un grenier, il fait un froid de canard, en ce début décembre.

Un bon de commande sort du lot, il correspond au numéro. Il est établi au nom d'un syndic d'immeuble parisien. Je l'appelle moi-même.

— Oui, j'ai votre renseignement, c'est la clé des parties communes d'un immeuble, 321, rue de Belleville, dans le XIXe.

Déception : nous pensions que la clé allait parler et nous mener vers un appartement, une planque. Des communs, la belle affaire…

Le week-end suivant, je suis de permanence et décide, en revenant de chez moi, de me rendre au 321, rue de Belleville. C'est un dimanche, il n'y a pas de bouchons. C'est une barre d'immeubles un peu triste, avec plusieurs entrées, au moins huit étages et des dizaines d'appartements, la pire situation pour un enquêteur. Je ne m'avoue pas battu, consulte les boîtes aux lettres, en espérant un début de piste. La chance sourit parfois, non pas aux plus audacieux mais aux plus tenaces.

Je me concentre sur une entrée d'un immeuble impersonnel en diable, commence à regarder la liste des locataires et note des noms. Au cas où. Je suis interrompu par une résidente :

— Que faites-vous là ?

— Police ! Je viens faire une petite enquête car on nous a signalé quelques problèmes de voisinage. Il n'y a pas des gens douteux chez vous ?

Je sors ma carte tricolore de fonctionnaire. La dame appartient au conseil syndical. Bonne pioche.

— Vous tombez bien. Il y a des gens louches, je les ai repérés.

Mauvaise pioche : il faut se méfier des rumeurs nées de conflits de voisinage, je le sais par expérience. Elle me désigne deux appartements « suspects », l'un toujours fermé, l'autre où il y a des va-et-vient inhabituels. Je lui laisse à tout hasard mes coordonnées, mais je n'y crois pas beaucoup.

J'ai tort.

Le lendemain, nous replongeons dans le dossier *Flatotel*. Pourquoi est-ce toujours au moment du déjeuner, alors que j'ai enfilé ma veste, que le téléphone sonne ? C'est la dame du 321, rue de Belleville.

Sa voix est angoissée :

— Il faudrait que je vous parle, c'est urgent !

— Je passe dans l'après-midi, ne bougez pas.

Lorsque j'arrive sur place, ma bonne dame est encore toute remuée :

— Ce matin, nous attendions l'ascenseur avec mon époux sur notre palier et la porte s'est ouverte. Nous avons été surpris, deux hommes sont sortis brusquement. J'en ai lâché mon mouchoir que l'un des deux a ramassé. J'ai remercié, nous sommes montés dans l'ascenseur, et on s'est rendu compte que ces personnes entraient dans un studio voisin du nôtre et rarement occupé. J'ai oublié de vous en parler l'autre jour.

« Mme Maigret » est persuadée de tenir là une information de toute première importance :

— On n'entend pas de bruit, les volets sont fermés, c'est un simple studio vous comprenez. En plus nous sommes descendus au sous-sol, mon mari a vu une voiture sur un mauvais emplacement. Il a mis la main sur le capot, il était chaud. Nous en avons déduit qu'il s'agissait probablement de la voiture des gars que nous venions de croiser et mon mari a relevé à tout hasard le numéro d'immatriculation

— Merci madame, on va vérifier.

La voiture a été louée dans le 93, par un certain Patrick Geay.

Geay ? Bingo : c'est « Numéro trois », il a été identifié à partir d'empreintes relevées dans la suite du *Flatotel*. Marguery, Geay, Chellaoui : bien connus des services de police, comme on dit...

La voiture de location, une Peugeot, n'a pas été encore rendue par Geay et le contrat a même été prolongé. L'antigang planque donc devant l'agence de location. Les jours passent. Rien. Les moyens déployés sont lourds. Nous ne pouvons indéfiniment mobiliser du monde sur cette planque ; l'antigang décroche. L'après-midi même, un homme a rapporté la Peugeot.

Ratage, rageant, mauvais coup du sort.

*

Nous sommes certains de tenir un point de chute de l'équipe du *Flatotel*, le studio du 321, rue de Belleville qui est placé immédiatement sous surveillance. En vain. Le temps passe, *Flatotel* est pour nous un dossier parmi d'autres. Cette année 1986 sera un millésime exceptionnel par les affaires que mon groupe va traiter : l'assassinat de la petite Cécile, la traque d'Action directe, et *in fine* les Postiches.

Tout change le 14 janvier 1986 : Marguery est un Postiche, donc le dossier *Flatotel* est raccroché au gang.

Une équipe de l'antigang part ventre à terre au 321, rue de Belleville. Il faut planquer pour de bon, jour et nuit sans discontinuer. C'est notre seule piste.

Le 7 février, la planque ne donne toujours rien. Il est décidé de forcer la porte du studio. Le commissaire Christian Flaesch est avec nous. Vide, le petit appartement sert de relais : pas d'armes, peu de nourriture mais on sent une présence, des lits défaits, des poubelles, des couchages. Perquisition : nous ramassons des milliers de pièces de 5 francs (80 centimes d'euro), des scanners, talkies-walkies, détecteurs de billets de banque, documents d'identité falsifiés, effets de toilette pour hommes et femmes, bijoux. Des postiches, des diplômes volés dans des coffres ainsi que deux manuscrits constituant le premier tome d'un livre de Pierre Choderlos de Laclos, l'auteur des *Liaisons dangereuses*, édité à Londres en 1796. Tous ces objets ont été signalés, volés dans des coffres. Dans l'une des poubelles, il y a même un diplôme de baccalauréat déchiré appartenant à une jeune fille de Marseille. Il avait été volé dans le coffre de sa grand-mère parisienne.

L'Identité judiciaire effectue une série de relevés d'empreintes, les « paluches ». Elles nous permettront plus tard de faire des liens avec plusieurs attaques de banques portant l'indéniable et infernale signature des Postiches.

Nous avons également découvert une boîte de confit de canard. Les heures avaient tourné, la faim nous taraudait. Flaesch s'est mis aux fourneaux. C'est une fine gueule notre commissaire. Je peux dire que j'ai vu le futur patron du 36 passer à table !

17

Le gang des Postiches, acte III

Le bel André

Mon enquête sur mes Postiches suit son cours, mais la révolte gronde au 36 contre la hiérarchie, après la fusillade de la rue du Docteur-Blanche. Je suis plongé jusqu'au cou dans mes dossiers, je reste à l'écart. Tout se mêle : la responsabilité de la fusillade imputée un temps à Mertz, non sanctionné, et dont il sera entièrement blanchi [1] ; une enquête sur des « ripoux » à la BRB, soupçonnés d'avoir commis des cambriolages. Pire, on refuse à Vrindts la cour de la préfecture pour ses funérailles, comme c'est l'usage pour les policiers morts en service. Pourquoi ? Car Jean Vrindts était l'une des cibles de l'IGS, la police des polices, les bœufs-carottes ainsi surnommés parce qu'ils font mariner leurs suspects.

L'ambiance est épouvantable, tout le monde se regarde de travers.

1. Décision qui suscita la colère de nombreux « flics de terrain ».

Mais, il faut avancer sur le dossier du gang. Identifier les Postiches dans la nature et les arrêter. Malgré toute la boue remuée, cette enquête reste, pour moi comme pour ceux de mon groupe, l'un des meilleurs souvenirs de notre carrière.

*

Début 1986, nous passons, avec la BRB, les attaques de banques au crible. Toutes. Une photo prise dans un sas d'agence à Chennevières (Val-de-Marne), permet d'identifier Berliner, le malfaiteur tué en même temps que Vrindts. Nous tirons les fils en espérant dérouler la pelote entière. C'est ainsi que réussissent les enquêtes. Ouvrir des portes pour mieux les fermer si besoin est. Entendre des dizaines de témoins et/ou suspects dont certains seront placés en garde à vue, quitte à faire frémir les tenants des droits de l'homme. Comment ferions-nous sans ce levier essentiel ?

*

Marguery, mon fameux « Bichon », est incarcéré. Mais il manque encore des pièces au puzzle des Postiches.

Charles Clapier, un collègue des Renseignement généraux (RG) avec lequel j'avais travaillé sur Action directe, est un homme précieux : d'abord, il est niçois, puis il parle parfaitement l'italien et travaille avec les carabiniers et policiers romains. Il me téléphone. :

— Salut Bernard. J'ai été appelé hier par des collègues italiens qui sont ici à Paris. Ils veulent des infos sur des Français arrêtés chez eux. Ils sont sur un dossier très chaud. Ils sont allés de service en service, se sont fait jeter et se sont tournés vers moi. Comme il s'agissait de banditisme, je les ai envoyés vers Raymond Mertz.

Mertz, le toujours « patron » de la BRB, l'homme qui a tiré sur les Postiches, déclenchant la fusillade de la rue du Docteur-Blanche.

— Mertz a fait des bonds quand il a feuilleté le dossier des Italiens. Il a surtout fait tilt sur deux noms : Marguery et Geay.

À mon tour de faire des bonds. « Mes » suspects ! Parce que Raymond Mertz est peu partageur, très entier, ils pourraient échapper à la crim'. Je me fous que ce soit la BRB qui les coince, mais j'ai un peu les boules ! Je n'ai jamais supporté les croche-pieds !

Je fonce chez le chef de la crim', Jean Dufour :

— Dites patron, vous savez ce que m'ont appris les RG ?

Dufour est un sage qui n'aime pas les conflits, un bon père de famille, il sait le terrain miné et préfère calmer le jeu. J'appelle le juge d'instruction, lui parle de cette piste italienne, dont il demande à être saisi dans les meilleurs délais, du coup la crim' garde le dossier. Et pan pour Raymond !

*

Le 5 août 1986, une patrouille de carabiniers romains interpelle sur l'un des boulevards périphériques de la capitale italienne, pour une banale infraction au code de la route, un véhicule dont le passager prend la fuite, le conducteur restant au volant et se faisant prestement « serrer ». À l'intérieur du véhicule, de faux papiers d'identité dont les titulaires ne sont pas, excusez du peu, des inconnus : Marguery Robert, Geay Patrick – dont il s'avérera par la suite qu'il était le passager de la voiture –, Jean-Claude Myszka dont on reparlera plus tard. J'apprends que le conducteur est identifié sous un nom qui apparaît dans le dossier des Postiches pour la première fois : André Bellaïche. Il est ensuite incarcéré à la maison d'arrêt de Rebbibia, à Rome, où il doit purger une peine d'une année. Il ne fournit aucune explication et les Italiens ne cherchent pas plus avant, l'affaire ne fait pas la une des journaux. Pas encore. Une demande de renseignement est adressée, *via* Interpol, par les Italiens aux Français.

Près de quatre mois plus tard, le 23 novembre 1986 à 10 h 30, un hélicoptère dérobé à la Croix-Rouge se pose dans la cour de la prison italienne à l'heure de la promenade. Le pilote est menacé d'une arme par un homme identifié par la suite comme étant Myszka. Bellaiche n'attend que ce moment depuis des semaines, attrape un filin et saute dans l'engin suivi d'un complice, Gian Luigi Esposito, un braqueur plutôt d'extrême droite alors que le Français affiche des idées libertaires. L'effet de surprise est total, les surveillants peinent à réagir et l'hélico s'envole comme il est venu, se pose peu après sur un stade de football. En plein match. Les trois hommes s'enfuient et se réfugient dans une « planque » à Rome où ils sont rejoints par Geay.

L'affaire fait la une des journaux italiens, les « belles par les airs » étant jusqu'alors une spécialité française. C'est une première pour l'Italie et ses policiers se perdent en conjectures, pensant qu'une telle entreprise a eu pour but d'élargir un gros poisson, Esposito sans doute dont le profil est très intéressant. Mais ils ne négligent pas les Français pour autant et, faute d'avoir obtenu des renseignements par les voies officielles, décident de venir chez nous avec des éléments déterminants, du « biscuit », l'affaire ayant pris une autre dimension. L'accueil que leur réservent les « spécialistes » du grand banditisme les conduit à contacter Charles. La suite est connue.

*

André Bellaïche, je percute, je connais. Un nom surgi du passé, de mes jeunes années !

C'était en 1974, sans doute un week-end de permanence au commissariat de Saint-Germain-des-Prés. Le car police secours nous ramène deux jeunes femmes, et un homme.

— Il nous a volés.

La petite affaire porte sur un bijou, pas de quoi fouetter un chat.

— Votre nom ?

— André Bellaïche.

Il a une bonne bouille notre voleur, sympathique, déjà beau gosse avec des airs d'Alain Delon. Manifestement, les victimes n'ont pas été insensibles à son charme. Il est placé en garde à vue, nous donne une adresse à Paris. Il s'agit de l'appartement d'une autre jeune et jolie femme chez qui il habite. Nous ne trouvons rien de particulier, mais Bellaïche se met à table. Il nous parle de bijoux, l'affaire prend une autre tournure. Il nous faut donc retourner à l'appartement de sa belle qui est dans le XVIe arrondissement.

Pas de véhicule administratif. Grandeur et misère de la police parisienne. Je décide de prendre ma voiture, une Fiat 128, dans laquelle prennent place Bellaïche [1] et deux autres flics. La perquisition finie, les bijoux retrouvés, nous repartons. Arrivés sur le quai de la Mégisserie, au Châtelet, longeant les étals de fleurs et d'animaux en tous genres, j'entends un bruit au niveau des roues arrière. L'amortisseur a lâché. Bellaïche, grand prince :

— C'est ma faute, j'aurais dû vous dire la vérité avant, on n'aurait pas fait de nouveau le trajet. Quand je vais sortir de prison, je viendrai vous voir et je prends à mon compte 50 % de la réparation…

Cela m'a fait sourire. Cause toujours.

Quelques mois après, des collègues de la BRI étaient venus me voir à Saint-Germain-des-Prés

1. André Bellaïche ne sera pas accusé par la justice pour les braquages. Il sera uniquement condamné pour recel et association de malfaiteurs.

me questionnant sur Bellaïche. Ils étaient à ses basques à la suite d'un braquage, place de la République à Paris le 20 mars 1975. Un coup resté dans les annales car c'était le premier VMA (vol à mains armées) avec prise d'otages en France. Deux hommes étaient partis avec le caissier, il y a eu une fusillade avec la police, l'un des truands est mort, l'otage aussi. Pour l'antigang, le second braqueur est Belllaiche.

Je tombe des nues. Celui qui m'avait donné l'impression d'un petit voyou à la Audiard, hâbleur, aurait pris du grade. Mon débiteur serait devenu assassin ?

Je n'avais plus eu de nouvelles de lui jusqu'à l'arrivée des Italiens. Qui ont mis les bouchées doubles. Qui ont trouvé chez la propriétaire de la voiture un indice déterminant. Un simple bout de papier mais codé. Ils l'ont déchiffré et cela donne une adresse en France : 28, rue des Pins, Yerres, Essonne. Dans le même temps, nous apprenons que les empreintes, non identifiées, retrouvées dans la planque rue de Belleville sont celles de Bellaïche.

Un nom de plus à raccrocher aux Postiches.

À Yerres, nous mettons les petits plats dans les grands : filatures, surveillances, policiers chevronnés aux quatre coins du quartier, planqués chez des riverains, gros moyens. C'est un pavillon sans âme, très discret, rien ne bouge.

Au second jour de planque, une Lancia, immatriculée en Italie, est aperçue. Elle sort, revient. Sa plaque est celle d'une voiture volée à Rome peu après l'évasion de Rebibbia. Des hommes, méfiants, sont également identifiés dont Myszka et Geay. En poussant les investigations sur la belle Italienne, qui a sans doute succombé elle aussi au charme de Bellaïche, un plan du pavillon a été déniché. Décision est prise de donner l'assaut en mettant le paquet.

Celui-ci est organisé à la Direction centrale de la police judiciaire (DCPJ) et fait intervenir l'unité d'élite de la police française, le RAID, alors dirigé par Ange Mancini. Je suis le seul représentant de la PJ parisienne à cette réunion. Samedi 13 décembre 1986, nous nous retrouvons à 5 heures au commissariat local.

Les lieux ont été reconnus par le RAID et il faut d'abord évacuer les riverains alentour, sonner aux portes, les convaincre de sortir discrètement de leurs logements. À 6 heures, les hommes du RAID, engoncés dans leurs tenues noires, font sauter à l'explosif les portes du pavillon et investissent les lieux par vagues, en utilisant un gaz très puissant pour neutraliser les occupants. Atmosphère irrespirable. Nous avions tous des masques, c'était très dur mais l'effet a été saisissant au point que nous avons trouvé plusieurs lavabos robinets grands ouverts : les malfaiteurs se sont aspergés d'eau au lieu de riposter, les armes sont posées à côté.

Quatre hommes sont pris dans les filets des super-flics, en pyjama, en caleçon. Bellaïche, Myszka, Geay, Esposito. Nous les emmenons au Quai des Orfèvres, ils sont tellement imprégnés de gaz que les escaliers du 36 ont été irrespirables durant des jours.

La perquisition dans le pavillon est fructueuse : outre les armes, nous découvrons dans le grenier des kilos de bijoux et de nombreuses armes, dont des kalachnikovs. Des caches vides sont également mises au jour. Plus tard, nous saurons qu'elles avaient contenu leur trésor de guerre… que le tueur en série Michel Fourniret a récupéré en gagnant la confiance d'Esposito. Autre rebondissement, autre histoire.

*

Les auditions s'enchaînent. Ils « chiquent », comme nous disons quand un suspect refuse de reconnaître l'évidence, sauf Myszka qui arrive, en fin d'interrogatoire, à pratiquement reconnaître sa présence rue du Docteur-Blanche. J'ai un petit aparté avec le bel André, défait, mon petit voyou devenu ennemi public :

— Tu me reconnais ?

— Oui. Tu es Pasqualini, je me souviens de toi pardi.

Il me sourit, mais j'ai envie de le gifler ! Je n'oublie pas le corps de Vrindts par terre, Jean-Pierre Birot qui a échappé à la mort par miracle, la balle lui ayant rasé le crâne, Jean-Michel Rolland handicapé à vie, les collègues blessés ! J'ai en mémoire les mois passés à les traquer, leur insolence, leur dangerosité. Nous ne sommes pas du même monde. Mon débiteur a fait du chemin, pris une mauvaise route, très glissante, mais il n'y a ni sympathie ni haine. Il faut dans ces cas-là rester de marbre.

Les quatre sont donc déférés, écroués. On croit en avoir presque fini, mais Geay est libéré par le juge d'instruction Claude Grellier. Stupeur, le 36 est révolté. Ses avocats ont mis en avant le peu de charges le concernant, malgré notre épais dossier. Grellier m'avait dit un peu naïvement :

— Je n'ai pas une grande expérience des affaires de grand banditisme.

Finalement, par ricochet, cet élargissement inattendu profite à la crim'. Alors que la BRB piaffe pour récupérer le dossier, un nouveau juge, Jean-Paul Valat, reprend l'affaire et délivre un mandat d'arrêt contre Geay.

*

Cette affaire est pleine de coïncidences, de coups du sort.

Comme ce tuyau venu de Seine-Saint-Denis. Selon la police du 93, un ferrailleur de Pantin, un type louche, pourrait être un des receleurs des Postiches. Nous le plaçons sous surveillance et sur écoute. Rien, nada !

— Bon, ras le bol, on va le secouer un peu.

Procédure classique quand ça ne rend pas : « Bonjour, police, perquisition. » Il est seul avec sa compagne. Un inspecteur le fait lever de son fauteuil et remue les coussins :

— Oh, j'ai un truc là.

Un petit baluchon contenant des bijoux. Ils ont tous des étiquettes avec des prix. Ils proviennent donc d'une bijouterie. Explication comme d'habitude très vaseuse de l'intéressé. Je me tourne vers Pierre Dieppois :

— Pierre, tu essayes de trouver d'où viennent ces cailloux ? Tu n'as qu'à aller voir le bijoutier de Saint-Michel, c'est à côté du 36, il pourra te renseigner…

Peut-être notre prise de guerre peut-elle nous mener ou faire un lien avec les Postiches ? Dieppois revient de sa visite bijoutière :

— Le magasin a fermé, mais je vais pousser rue de Rivoli pour en voir d'autres.

À côté du BHV se trouvaient à l'époque deux bijouteries se faisant face, de part et d'autre du parterre. Il hésite à entrer à droite ou à gauche, choisit au hasard sa gauche, pénètre dans les lieux, demande à voir le responsable :

— Bonjour monsieur, police.

Il déballe les bijoux, le commerçant change de couleur.

— Mais ils viennent de chez moi…

— Pardon ?

— Dimanche dernier, on a été cambriolé, ils sont passés par les caves pour s'attaquer aux coffres.

Pas de trace de Postiches, mais une affaire résolue !

Pierre me confiera des années plus tard :

— Tu sais dans l'affaire du bijoutier ? Tout le monde a cru que j'avais du pif ! En fait j'ai choisi ce côté de la rue de Rivoli pour faire des courses au BHV.

*

Quatre ans plus tard, une affaire chasse l'autre, les Postiches ne sont plus qu'un souvenir. 29 mai 1990. Je gare ma voiture devant le 36, une voix tombe de la fenêtre du second étage. C'est Jean-François Laugerette en poste à l'état-major, j'ai débuté avec lui à Saint-Germain-des-Prés :

— T'as lu *France-Soir* ?

— Non, pourquoi ?

— Il y a un papier sur les Postiches qui nous titille, je te fais monter une copie.

L'article annonce la mort de François Besse, un ex-lieutenant de l'ennemi public numéro un Jacques Mesrine, liquidé… par le gang des Postiches en 1986. Il aurait voulu les quitter fortune faite, écrit le journaliste qui narre avec force détails la fin tragique du « petit », le surnom de Besse, citant des policiers spécialistes du grand banditisme selon lesquels « on ne retrouvera jamais le corps ».

Ce rapprochement inattendu entre Besse et les Postiches m'intrigue. Besse, je ne le connais pas, je n'ai jamais croisé sa route :

— Il ressemble à quoi ce Besse ?

Un grand silence me répond, personne ne le sait, en tout cas dans ce bureau ! Je me tourne vers un jeune inspecteur, Patrick Anisten :

— Tu vas à l'antigang et tu leur demandes une photo de Besse.

Stupeur : Besse, c'est « Duchemin » ! Le mystérieux homme de l'évasion de Rome, le loueur d'hélicoptère qui a permis à Bellaïche de se faire la belle et que nous cherchions à identifier depuis quatre ans. En revanche je doute que Besse se soit fait buter par les Postiches, je penche plus pour une intoxication : des voyous l'annoncent mort, la police cesse de le traquer… C'est un peu gros !

Nous travaillons sur cette hypothèse. Nos collègues des Offices de lutte contre le grand banditisme sont bien placés pour nous aider… Je suis naïf ! Ils nous disent « oui, oui, c'est intéressant », puis passent à autre chose. Quatre ans passent, en 1994 des braquages de banques ressuscitent François Besse. La PJ met fin à une cavale qui aura duré douze années. Les juges vont se montrer sympas avec l'ancien complice de Mesrine : convaincus qu'il veut se ranger des voitures, ils ne le condamnent qu'à huit ans. Il est vrai que Besse n'a pas de sang sur les mains.

Le dernier Postiche finit par chuter… en 2003 ! Patrick Geay tombe entre les mains de la BRB et d'un ami, Niçois (nous sommes incontournables), Jean-Pierre Colombi. Il paye sa cavale au prix fort : quinze ans de réclusion criminelle.

Mais à cette époque, je suis déjà passé à un autre chapitre.

18
Commissaire Pasqualini

Commissaire : la fonction est mythique, tout le monde pense à Maigret, à San Antonio ou à Moulin, Lescaut voire Navarro. Pour un inspecteur, ça voulait dire un concours difficile, des soirées entières à plancher sur des manuels de droit, avant un retour à l'école. C'est la voie du concours interne. Il faut une volonté de fer pour mener un travail aussi exigeant que le nôtre tout en bûchant ! Parfois, le policier désireux de passer au rang supérieur bénéficie de l'appui de son chef de groupe, et de ses collègues. Mon ami Charles Diaz a ainsi été « couvert » par son chef pour préparer son concours. Attention, il est juste question d'aménager du temps, de décharger « l'étudiant » de tâches administratives lourdes, sûrement pas de couvrir un tire-au-flanc ou de sacrifier une enquête. De toute façon, il est difficile de se cacher derrière son petit doigt en PJ.

Commissaire ? J'y ai pensé, Jean-Pierre Birot avait réussi ce concours et me poussait à en faire autant. Mais après tout, je suis chef de groupe à la crim', dans la brigade la plus prestigieuse, le saint des saints. Chef de groupe, c'est-à-dire un homme ou une femme respectés, je ne pouvais donc pas vraiment envier un commissaire ; je n'ai d'ailleurs jamais rencontré de problèmes avec ma hiérarchie directe, souvent de jeunes patrons venus à la criminelle pour se former et ayant toujours eu l'intelligence de regarder, laisser faire, écouter et apprendre. Ils n'ont jamais contesté mon commandement sur mes troupes. Ce n'étaient pas des faire-valoir, certains s'impliquaient plus que d'autres mais le fonctionnement de la crim' leur laissait en réalité peu d'initiative. Or réussir le concours veut aussi dire repartir à zéro, quitter le 36, se retrouver tributaire d'une affectation… Et si je m'ennuyais ?

En 1990, la vie décide pour moi : on me propose de devenir commissaire au choix. Mes supérieurs, c'est-à-dire le patron de la crim' et le directeur du 36, proposent un ou plusieurs noms pour intégrer le corps des commissaires, sans passer par la case concours ! Je suis l'un des plus anciens dans mon grade, c'est mon tour. De plus, le manque de commissaires se fait sentir, et le ministre de l'Intérieur décide d'ouvrir un peu plus les postes. C'est la « promotion Joxe » ! Je vais donc être commissaire ! Pas si simple : d'abord il fallait passer devant une commission assez rude, répondre à des questions d'actualité, de culture générale. Je suis également jaugé sur mes aptitudes à diriger. Ce casting, cette Star Academy de la police se déroule plutôt bien : j'obtiens 14 sur 20. Mais il y a du monde devant moi, notamment un bataillon de syndicalistes policiers, amis du pouvoir, qu'il fallait à tout prix caser pour services rendus. C'est un échec et je le vis mal !

Un an après, rebelote : on me re-propose, je repasse devant la même commission, le même jury. Cette fois-ci, c'est la gloire !

*

Commissaire ! Je ne suis pas encore au bout du chemin, il va falloir retourner à l'école, m'asseoir avec des étudiants de 25 ans, apprendre un métier différent. Car c'est une autre dimension, un autre challenge même. C'est voir son champ d'action et de décision s'agrandir. J'étais certes chef de groupe, avec un pouvoir de commandement et autorité sur cinq fonctionnaires. Là, c'est la taille au-dessus. Je fais le grand écart en changeant de camp tant les clivages sont grands entre corps de policiers, l'inspecteur n'étant encore qu'un exécutant, ce qui n'est plus le cas aujourd'hui où l'on confie à des commandants la direction de commissariats.

Je pars en vacances en juillet avec cette nouvelle vie en ligne de mire, reviens en août, plus que quelques jours à tirer.

Ma dernière mission aurait pu être une affaire « ordinaire », un bon petit meurtre, quoi ! Raté :

le 6 août 1991, Shapour Bakhtiar, dernier Premier ministre du shah d'Iran, est tué à coups de couteau par des tueurs manifestement à la solde de l'ayatollah Khomeyni, dont certains se sont infiltrés jusque dans son entourage. Réfugié en France, il était pourtant sous haute protection. Logiquement c'est l'affaire de la section antiterroriste (SAT). Mais, effectifs réduits, vacances obligent, me voilà fin août partant en mission, en Suisse, à la frontière avec la France, avec Gérald Sanderson, pour retrouver un homme du commando. Sanderson en profite pour me charrier en m'appelant « monsieur le commissaire » !

Je reviens à Paris, ferme mon bureau, j'arpente le couloir de la crim', *bye bye* ma maison, j'ai une boule dans le ventre, c'était ma dernière mission mon dernier tour de piste ; me voilà un « ex » de la brigade des costumes… *Ciao* la crim' !

*

Je vais me retrouver sur les bancs de l'école des commissaires, à Saint-Cyr-au-Mont d'Or, sur les hauteurs de Lyon, un lieu bucolique et charmant où je vais passer un an en formation théorique. Il y a un vaste parc dont je profite peu. Nous sommes accueillis dans l'amphithéâtre par le directeur, Jacques Buisson. Je ne détonne pas trop, d'autres anciens m'entourent, issus des RG, PJ, DST ou CRS. Il y a une majorité de jeunes qui, en se présentant, énumèrent leurs diplômes : DESS, maîtrise, DEA. On nous informe que la scolarité a évolué, Saint-Cyr est associée à l'université Jean-Moulin de Lyon afin de préparer un DESS de gestion de la sécurité.

Je me demande dans quoi je me suis embarqué. Moi, à l'université ? Demi-tour ? Mais dans l'amphi, je tombe sur Christian Naigeon : nous étions ensemble à l'École des inspecteurs en 1971.

— Qu'est-ce que tu fais là ?

— La même chose que toi !

Je me sens moins seul d'un coup !

Les cours débutent à 9 heures le lundi matin et nous rentrons quasiment tous dans nos foyers le week-end après une semaine monacale, du moins pour certains. Habitant alors Rosny-sous-Bois, en Seine-Saint-Denis, je dois m'habituer aux transports en commun, prendre le RER à 20 heures le dimanche soir, filer à la gare de Lyon pour arriver deux heures plus tard à Lyon. Je ressens l'insécurité et le stress du banlieusard…

Le plus difficile est de se remettre aux études, après avoir été la tête dans le guidon pendant vingt ans. Changer de casquette, de tenue. Les cours ont lieu toute la journée, le soir il faut encore travailler. Pas tous : les plus jeunes, à peine sortis de la Fac, sont rodés. Mais personne ne leur parle des réalités du terrain. La procédure est conceptualisée, intellectualisée, très théorique, on est dans le cours magistral plus que dans l'apprentissage. Certains s'en inquiètent, une délégation monte chez le « dirlo ». Buisson les envoie balader :

— Vous n'aviez qu'à passer le concours d'inspecteur.

Mouais, c'est un peu court, Monsieur le Grand Directeur, pour ne pas dire simpliste, Buisson n'a pas compris. Avant de prétendre accéder à la haute fonction publique, le commissaire est d'abord un homme de terrain, sa crédibilité en dépend.

L'amalgame entre les flics de terrain et les étudiants « professionnels » se fait. J'évite de faire mon « intéressant », de raconter « les belles histoires de l'Oncle Bernard ». Mais, tout le monde sait que je viens de la crim', du coup c'est la foire aux questions.

La scolarité se passe. Bien. Mais je dis souvent à mes jeunes collègues :

— Je suis inquiet pour vous les gars, il y a un monde entre cet enseignement théorique et ce que vous allez vivre sur le terrain.

*

Fin de la première année, stage pratique. Direction le Val-de-Marne, un département que l'on m'a décrit comme intéressant, vivant, proche de Paris : banlieues chaudes, quartiers pavillonnaires, un important palais de justice. J'y retrouve Christian Naigeon et, comme directeur adjoint, André Bizeul, ancien chef de section à la crim'. J'ai une chance énorme car je débute tout de suite par un intérim, à Vincennes.

Me voilà, donc, « vieux » par rapport aux autres élèves de Saint-Cyr, commissaire stagiaire et responsable d'un commissariat dans le Val-de-Marne. Durant six mois. je multiplie les remplacements : Vincennes, Alfortville, Nogent. Prenant, passionnant, je découvre la sécurité publique, bien différente de la PJ. La vie d'un commissariat, ses difficultés, la police de proximité telle que je la conçois : mes parents, mes voisins, mes amis sont plus attachés à ce que leur voiture soit protégée, qu'ils puissent rentrer chez eux sans avoir peur, que de savoir que Nathalie Ménigon est amoureuse de Rouillan. Pour moi la proximité, c'est prendre en compte les attentes de nos concitoyens, et y répondre.

J'ai vécu à Rosny, créé une association de locataires, le fait d'être flic n'a pas empêché de rencontrer les mêmes problèmes que les autres. Le plus important pour le citoyen n'est pas l'affaire Mesrine, mais ces types qui occupent les halls d'entrée et dégradent à tout va. Cette délinquance touche des milliers de personnes, je ne la découvre pas pendant mon intérim mais je la prends en pleine figure, comme flic. La sécurité publique, c'est la vraie vie, police secours, les graffitis, les querelles, les voisins sans-gêne, les femmes battues, les pédophiles, les bagarres d'après boire, les petits caïds. Bien loin de mon univers du 36.

*

Sur mon bureau de commissaire « provisoire » d'Alfortville, il y a un dossier. Des dizaines de lettres de riverains, des plaintes, des chroniques ordinaires de ces « incivilités » qui finissent parfois en drames. La plupart signale des véhicules ventouses, des épaves, au bas des immeubles, un phénomène contre lequel je me suis moi-même battu dans mon association de locataires. Je fais venir le policier responsable du secteur :

— On fait quoi pour ces gens-là ?

— Ben, on n'a pas le temps monsieur, on est débordés.

— Mais bien sûr, toujours les mêmes excuses.

Il se tortille.

— Je vous demande de régler cette situation, et au plus vite !

En quinze jours ce fut fait, à la satisfaction générale si j'en juge par les nombreux témoignages que j'ai reçus.

La sécurité publique, c'est la police qui est confrontée à la délinquance méprisée voire ignorée, qui pourrit littéralement la vie quotidienne. Dans ma « tour d'ivoire » de la PJ, on est bien loin de tout cela. Je l'avais effleuré au commissariat de Saint-Germain-des-Prés, mais vingt ans avaient passé. Les occupations de squats, les trafics de drogue n'existaient pas quand je suis entré dans la police.

Moins reluisant, je redécouvre les vacations d'huissier dont j'ai déjà parlé. Sujet longtemps tabou qui maintenant me concerne, en tant que commissaire ! Nous avons obligation d'assister les huissiers et de les accompagner afin de les protéger lors de chaque transport, chaque acte. Moyennant rétribution. Je le fais à Vincennes, à Nogent, à Alfortville. J'essaie d'y consacrer le moins de temps possible mais certains prennent la journée entière, en font un bizness : des « collègues » alignent plus de cent saisies facturées 100 francs (15 euros) l'unité. Pour les expulsions, c'est entre 300 (45 euros) et 500 (75 euros) francs pièce. Imaginez la manne.

*

En attendant de faire le commissaire, je retourne à l'école pour l'examen de sortie. Être ou ne pas être bien classé, telle est la question. Les brillants sujets choisissent les meilleurs postes et sont déjà remarqués par les grandes brigades, plusieurs directions de la police viennent à Saint-Cyr faire leur marché tous les ans. Le grand oral de fin de scolarité me vaut des nuits blanches, contrairement aux étudiants rodés à cet exercice. Certains pourtant sortent en pleurs de la salle, laminés par le jury :

— Ils sont durs !

Je tire au hasard l'un des quatre-vingt-huit sujets proposés : coup de chance, il s'agit de la prévention en milieu associatif. Je fais part de mon expérience, de mon investissement pour les jeunes ou les locataires. Les huit jurés ont manifestement choisi de ne pas me déstabiliser. Respect de l'âge ? Je fais un bond au classement : à l'écrit j'étais à la soixantième place, je grimpe au milieu, à la 42e. Pas le top mais le classement se jouant au dixième de point près, il n'y a pas à rougir.

Arrive le choix de l'affectation. J'hésite…

19
Un petit tour aux RG

Chez les Grandes Oreilles

L'école est finie, je suis dans la cour, dans mon uniforme tout neuf, avec les feuilles de chênes au képi. Me voilà « taulier », commissaire Pasqualini ! Je ne suis pas peu fier, je pense à ma mère, à mon père…

Et maintenant, que vais-je faire ?

Il y a deux écoles, si j'ose dire, au sein des nouveaux commissaires. Ceux qui choisissent la carrière et ceux qui choisissent le métier. Les premiers vont dans des villes tranquilles, se montrent en tenue aux cérémonies, cajolent le préfet, le maire, le député. Les autres veulent faire de la police, parfois rêvent du 36, d'une grande brigade.

Je me sens attiré par un métier, celui de la sécurité publique. Moi, le flic de PJ, l'ex de la prestigieuse crim' ! J'ai envie de mettre les mains dans le cambouis, de changer de planète.

Le destin s'en mêle : j'ai travaillé avec le directeur adjoint des Renseignements généraux (RG) de la préfecture de police sur Action directe. Il me propose de le rejoindre. J'accepte. Par facilité. Pour rester à Paris, près de ma famille.

*

Août 1993, me voilà donc aux Grandes Oreilles, les fameux RG avec leur réputation d'être les yeux et les oreilles du gouvernement partout et en tous lieux.

Manifestations, conflits sociaux, meetings politiques, réseaux terroristes ou extrémistes, filières d'immigration et de travail au noir, comptage des manifestants, rien n'est censé leur échapper et ils rédigent souvent des notes, les fameuses notes blanches, à l'intention des préfets et du pouvoir. Pour les renseigner. Leur véracité laisse parfois à désirer. D'autres fois non.

Qui aurait dit qu'un jour je me retrouverai dans cette « police politique », selon ses détracteurs, bien loin en tout cas de celle de Maigret ? Nous sommes trois de ma promotion dans ce cas à nous retrouver un beau matin dans les bureaux gris et sans âme des RG de la préfecture de police de Paris (RGPP).

Dans mon esprit, les RG c'est surtout l'antiterrorisme, le travail sur les mouvements clandestins, l'extrême gauche. J'ai eu affaire à eux sur plusieurs dossiers, ça m'intéresse. Ce sont des précurseurs, des visionnaires, ils ont appréhendé le danger Action directe avant tout le monde. Je me souviens de leur travail, notamment d'une photo prise lors de l'occupation du Palais de justice dans les années soixante-dix : dix ans après, on travaillait encore sur cette photo, il y avait tous les ténors d'AD !

Mais la prestigieuse 9e section échoit à un fonctionnaire plus jeune et qui a déjà fait un stage dans les murs. Dommage ! Avec un ancien de la BRB, nous sommes dirigés vers la 12e section qui lutte contre le travail clandestin et l'immigration irrégulière, secteur en plein essor, changement politique oblige, la droite ayant succédé à la gauche. La législation sur les étrangers a été considérablement renforcée en même temps que les effectifs policiers : la 12e section a quasiment doublé en hommes et femmes.

Ma réputation de procédurier, comme celle de mon camarade, nous vaut cet honneur et nous ne serons pas de trop pour démêler l'écheveau de cette législation compliquée, sans cesse critiquée par les magistrats qui trouvent toujours, avec succès, un vice de procédure à soulever. Cela me convient, le service travaille vingt-quatre heures sur vingt-quatre et fait de la police judiciaire, ses fonctionnaires étant d'ailleurs officiers de police judiciaire, ce qui est rare chez les RG.

*

J'ai passé peu de temps dans cette section, mais j'y ai vécu une aventure peu banale.

Un jour, je suis convoqué par mon patron, qui a l'air très embêté :

— Je vais te charger d'une mission, mais ça ne va pas être du gâteau.

Il me tend un dossier :

— Il s'agit d'une reconduite administrative (en bon français, une expulsion). Le cas est difficile, c'est une prostituée sénégalaise. Pour ne pas être mise dans l'avion, elle nous a tout fait.

— Tout ?

— Elle a avalé des bijoux, a mordu des fonctionnaires de police...

Je reste un peu interloqué, mon patron soupire.

— Il faut absolument qu'elle parte, absolument !

Je sens une profonde lassitude dans sa voix. Avec une collègue, je vais donc prendre livraison de notre « emmerdeuse ». Nous allons au Dépôt, ce sont des religieuses qui s'occupent des locaux. La mère supérieure nous accueille avec joie :

— Merci de nous en débarrasser, ce n'est pas très charitable je sais, mais nous n'en pouvons plus !

— Mais ma mère, que vous a-t-elle fait ?

— Elle ne mange plus depuis deux jours et boit son urine !

— Pardon ?

— Oui, vous avez bien entendu ! Elle est persuadée qu'on la drogue et croit dur comme fer que l'urine est un antidote !

Je vais voir « le cas », me présente.

— Bonjour, je suis le commissaire Pasqualini. On va être clair, ma mission est de vous emmener à Roissy. On a deux solutions : ou vous coopérez et ça se passe bien, ou vous résistez et ça se passe mal. Mais dans les deux cas, je vous assure que vous monterez dans l'avion !

Elle semble plier. Enfin jusqu'à Roissy, elle fait un peu de barouf avant d'embarquer, mais finalement ça va. Nous avons mission de l'escorter jusqu'à Dakar. Dans l'avion, elle n'en fait pas trop, les regards des passagers me mettent mal à l'aise, mais je fais mon travail.

On restera deux jours sur place, le temps de prendre le soleil et d'attendre le prochain avion. L'hôtel est sympa, il y a une piscine. Au bord de laquelle je retrouve mon expulsée tout sourire, en grande conversation avec plusieurs mâles. Elle me voit, me fait un petit signe :

— Oh bonjour, ça va ?

Un grand sourire :

— On se voit bientôt à Paris.

Je n'ai jamais su ce qu'elle est devenue.

À l'époque nous devons nous occuper de ces reconduites à la frontière, depuis c'est la PAF (police de l'air et des frontières) qui s'en charge.

*

Je prends mes marques dans la galaxie des RG. Ce service n'est pas qu'une officine politique, déposant sur le bureau du ministre et du préfet de police les fameuses notes blanches : « Untel fréquente une prostituée », « Machin était dans la manifestation contre Truc ». Par exemple, il y a la 10e section qui travaille sur les violences liées au sport. Le phénomène des hooligans est à son début, en France, mais les RG sont au courant et attirent l'attention sur les tribunes du PSG ou de Saint-Étienne. D'ailleurs, je suis mes collègues au Parc, découvrant cette violence.

Je serais bien resté, mais entre mon collègue et moi, il y a un procédurier de trop. La direction me propose, deux mois après, de me confier la 1re section, la lutte contre l'extrême droite. C'est un placard, la section roupille, je vais m'emmerder. Mes oreilles ne sont pas assez aiguisées pour les RG. Je finis par me rendre à l'évidence : je n'ai pas coupé le cordon avec ma famille, la PJ !

Alors, je postule pour un retour aux 36 ou en tout cas dans un service de PJ. Les RG n'apprécient pas, on me mute à la 6e section… chargée de la sécurité des ambassades. Dans l'ascenseur, je rencontre le responsable de cette sinécure :

— Tu sais que je viens chez toi ?

— Première nouvelle ! Mais je n'ai même pas de bureau pour toi, moi !

Une vague table est installée en hâte dans le propre bureau de mon chef. Je n'ai qu'une envie : foutre le camp ! On me met de permanence RG le jour de Noël, juste pour rire ! Je participe ce jour-là à une première : l'organisation de l'un des premiers « charters Pasqua », les fameuses expulsions en grand nombre d'étrangers irréguliers, avec Pierre Mutz, futur préfet de police.

Pour mon départ, il faut attendre la décision de la commission administrative paritaire (CAP), réunissant à parité syndicats de police et administration, pour officialiser mon retour au 36. Mon nom est même remonté jusqu'au préfet de police, Massoni, qui dans une réunion lâche :

— Mais enfin, ce Pasqualini, il est bon ou pas ?

*

Je suis reçu par le patron du 36, Claude Cancès, qui me connaît bien : ancien numéro 2 de la crim', il a aussi été chef de l'antigang, je l'ai interrogé après l'affaire des Postiches.

— Vous savez, Pasqua, il y a du boulot pour vous mais il faut débuter comme les autres, à la base, dans un commissariat.

— Je sais, monsieur le directeur, le commissariat, j'en ai fait, mais donnez-moi un truc qui bouge, où il faut remettre de l'ordre, un challenge. Je n'ai pas le temps, j'ai déjà 44 ans et je viens de faire deux ans d'études.

— Et la brigade financière, cela ne vous tente pas ? Il y a du travail et elle prend de plus en plus d'importance avec le développement des affaires.

— Non, ce n'est pas mon truc, pas assez vivant !

— J'ai bien une idée : vous connaissez le service départemental de la PJ de Seine-Saint-Denis ? C'est un vrai foutoir et je compte virer le chef de service très prochainement. Ce n'est pas un poste pour vous mais responsable de la section des stupéfiants ça vous dirait ? Ce ne sera pas une partie de plaisir.

Il avait raison.

20

Brigade des stups, Saint-Denis

Mon arrivée en janvier 1994 est sous le signe du bricolage. Je pousse la porte de mon bureau, à Bobigny, et je retiens une exclamation. Ce n'est pas un bureau, mais un débarras ; le précédent commissaire étant parti depuis plus d'un an, du coup on a entreposé tout et n'importe quoi dans cette pièce. Mon premier week-end se passe à repeindre et mettre un coup de frais, avec l'aide d'un ami. C'est beau la vie de commissaire en banlieue. Petite embellie, j'obtiens que l'administration change la moquette.

Les stups du 93 sont logés dans des bâtiments provisoires… depuis dix ans. C'est le lot de la police, puisque Jules Ferry, maire de Paris, avait alloué la caserne du 36, quai des Orfèvres à la police « à titre provisoire » en 1871 ! Mais mon 36 a quand même plus de gueule que ces baraquements de chantier. J'ai l'impression de vivre le film de Tavernier, *L627*. Seul le Groupe de répression du banditisme est bien loti : installé à Aulnay-sous-Bois, dans un pavillon avec jardin des années trente loué par l'administration, ce qui permet d'y organiser fêtes et pots.

Je discute avec trois autres commissaires, ils sont sympas, jeunes et dirigent respectivement la financière, les enquêtes générales et le Groupe de répression du banditisme (GRB). Ils m'accueillent comme un homme d'expérience, qui va peut-être faire bouger les choses. Et ne me cachent pas que la situation est grave :

— Le service ne tourne pas rond.

— On a peu de rapports avec la direction, pas de réunion.

— Le département compte plus d'un million d'habitants, la criminalité explose entre trafics de stups et règlements de comptes.

Mon supérieur, le patron de la PJ du 93, baigne dans la joie ; pour lui pas de problèmes :

— D'ailleurs tu as le meilleur groupe « stups » de banlieue. Tes gars, ils font des kilos !

Mon œil ! Je découvre une section livrée à elle-même, partagée en deux groupes qui ne s'entendent pas. Les policiers des stups sont des chasseurs et les chasseurs n'aiment pas partager le gibier, mais quand même ! De plus j'ai un adjoint qui ne tient pas la route. Que suis-je venu faire dans cette galère ?

*

Dès le premier jour, surprise. De taille. Je découvre dans le coffre de mon bureau un sachet de poudre blanche, non fermé. Je fais venir l'un des chefs de groupe :

— C'est quoi ça ?

— Ben, de l'héro.

— D'où vient-elle ? Tombée du ciel ou quoi ?

— On l'a trouvée dans des consignes, dans la gare à Pantin.

— Et il y en a combien ?

— Un kilo à la louche.

— Et elle est là depuis combien de temps ?

— Quelques mois je crois…

Je suis abasourdi, j'hallucine : un kilo de came dans un coffre, oubliée. Le gars me regarde, gêné, manifestement le changement de shérif ne l'emballe pas.

— Bon, vous me réglez ça, un scellé et au parquet !

Je me retourne en bougonnant : « Je suis chez les dingues ! »

J'observe le travail de mes gars. La vie est belle pour eux. Le matin, ils sont dans la salle dite « de repos » et se défient au billard ou au flipper. Ils attendent le coup de fil des « tontons », les indics. L'après-midi, ils vont à l'adresse indiquée, arrêtent le dealer désigné et saisissent la came. Affaire qui roule !

Je me renseigne :

— C'est qui vos indics ?

— Les grosses ?

— Pardon ?

— Oui on les appelle comme ça, ce sont deux Yougos, ils sont énormes, obèses…

*

Les « grosses » mâchent le travail de ce groupe. En échange, le service ferme les yeux sur les activités de leur bar. Ils doivent sans doute récupérer un peu de blanche au passage. Personne ne se pose de questions et tout va bien. Malins les deux gros tas : ils éliminent la concurrence, se mettent les flics dans la poche et peuvent écouler leur propre came en paix.

Tout a une fin. Le parquet excédé finit par demander un grand nettoyage… à la gendarmerie ! Les grosses ont été mises au régime pénitentiaire…

Je croise en arrivant au bureau un après-midi l'un de mes deux groupes « stups » en route pour une opération de contrôle. Je ne tique pas sur le style de l'un des enquêteurs, grand manteau genre *Il était une fois dans l'Ouest*, santiags. Ce sont des hommes de terrain et je ne suis plus à la « brigade des costumes ». En revanche, le canon chromé qui dépasse le long de sa jambe me gêne un peu…

Le groupe rentre, j'entends leurs voix, leurs rires. J'appelle leur chef dans mon bureau.

— Dis-moi, je vous ai vu partir tout à l'heure ? C'est quoi le truc qui était sous le manteau de Bébert.

— C'est son pompe (fusil) perso…

— Quoi ? Sur un contrôle de bar ? Et il part avec son… flingue perso, mais vous êtes cinglés ! Si vous voulez des fusils à pompe, il y en a au siège…

— On ne peut jamais les avoir, alors on se débrouille.

— Terminé, je ne veux plus de cela !

— Ben il va être triste sans son *riot gun*...

Je rêve, ou plutôt je cauchemarde !

Chacun fait ce qu'il veut, je croise de drôles de têtes dans les couloirs :

— Qui c'est celui-là ?

— Ben, un « tonton ».

Les indics vont et viennent comme chez eux. Il n'y a aucun travail de fond, les bons tuyaux de ces honorables correspondants valant enquête.

On a une affaire de Zaïrois trafiquant de la drogue. Je demande une écoute téléphonique, les gars me regardent ahuris :

— Mais, on n'a jamais fait ça !

Quant aux juges d'instruction, ils me téléphonent furieux en me demandant si j'appelle le torchon que vient de leur adresser les stups, une procédure judiciaire.

Il y a donc un groupe d'enquêteurs qui ne travaille quasiment que sur renseignement, fait de belles affaires mais vit sur son acquis, avec de bons indics. C'est l'arbre qui cache la forêt : de belles prises, des kilos, tout le monde, hiérarchie comprise, est content et ne voit pas plus loin que le bout de son nez. Quand au chef de l'autre groupe, c'est un violent, qui finira par être épinglé après une garde à vue trop énergique. L'ambiance, plombée, se dégrade de jour en jour. Un nouveau chef de service est nommé mais rien ne change. Pire, mon adjoint dénonce « le quarteron » de commissaires félons désireux de remettre la maison en marche. Me voilà « putschiste » maintenant !

Les trois autres « agitateurs » ne pensent qu'à la mutation. Moi, je dois être patient, c'est Claude Cancès qui m'a sorti des RG pour me remettre en PJ, je lui dois bien ça.

Mais un coup de fil va tout changer : j'appelle Charles Diaz, ancien de la crim', chef d'état-major à la Direction centrale de la police judiciaire (DCPJ). Je sais qu'il est sur le départ.

— Salut Charlie, tu pars quand ?

— Bientôt, je vais à la 6e division, je vais être numéro 2 ?

— À l'antiterro, bravo… Si tu as de la place, pense à moi

— Haaaaa, patiente un peu…

Il se marre. Je le connais bien Charlie, ce ne sont pas des paroles en l'air ! Deux semaines plus tard, mon patron me convoque, furieux :

— Tu nous quittes, tu pars à la 6. Je ne te dis pas merci !

Tout est allé vite. Trop vite. Je suis un peu pris de court, je ne demandais pas à partir immédiatement. Ce n'est pas dans ma nature, la difficulté me stimule. Je pensais que la situation au SDPJ pouvait s'arranger, mais à quel prix ?

*

Ce très court séjour au SDPJ 93 est une très bonne expérience. Elle m'a dégrossi, j'ai pu entrer dans mon nouvel habit de commissaire, un métier ardu. De solitaire. Un chef de groupe peut et doit écouter les conseils de ses troupes. Nous faisions, après tout, partie du même corps d'inspecteurs.

Le patron est seul, on ne lui pardonne rien, il ne doit pas se tromper. Il faut toujours faire attention à ce que l'on dit, comme un homme politique, ne pas non plus jouer l'un contre l'autre, favoriser des clans. Dans ces fonctions de direction d'hommes et de femmes au caractère trempé, on est épié en permanence. C'est en passant de l'autre côté de la barrière que je l'ai ressenti. En PJ, c'est encore plus difficile qu'ailleurs : il faut gérer, voire dresser, un troupeau de mustangs. Pas des chevaux de trait. Pour être un bon flic de PJ, il faut avoir une forte personnalité, on ne peut pas mettre des gens effacés au cul des voyous. Il faut des fonceurs. Qui en veulent. Quand on dirige un dispositif de vingt à quarante bonshommes sur le terrain, il est nécessaire d'avoir de la poigne, du caractère, d'être un chef, ce qui n'est pas donné à tout le monde. Commander à bon escient mais commander sans état d'âme en fonction des individualités. Au gré des circonstances. En s'adaptant.

En attendant, je quitte le 93 pour la rue des Saussaies ; une autre aventure m'attend, la lutte contre les poseurs de bombes.

21
Les années terro

La 6e section, qui devient la DNAT, Direction nationale de la lutte antiterrorisme, est une vraie machine de guerre. Pourtant, ce service ronronnait peu de temps auparavant. L'antiterrorisme est alors l'apanage des RG, de la DST (aujourd'hui regroupés) et de la section antiterrorisme de la crim'. Mais en 1990, la maison change de patron, avec l'arrivée de Roger Marion, ancien chef de la brigade criminelle de Marseille.

Marion, je le connais un peu : j'ai dîné à Lyon avec lui et Bruguière après une conférence donnée à l'École des commissaires. L'homme, mais j'en parlerai plus abondamment plus loin, est un Méridional, comme moi, sauf qu'il n'a jamais perdu l'accent, lui. Cheveux gominés, costumes impeccables, il présente bien, c'est un charmeur. Mais on m'a prévenu : il ne partage pas, considère tous les autres services de police comme des concurrents, demande beaucoup à ses hommes. J'ai eu une maîtresse très exigeante, la crim', alors je pense que je ne fais que changer de lit.

Je me trompe, ce sera un mauvais mariage !

*

J'arrive un week-end, en novembre 1994. Marion est là, normal, c'est un bourreau de travail.

— Pasqualini, salut. Il y a une réunion lundi matin au 36 sur les réseaux Chalabi, tu y vas !

— OK.

— On n'est pas franchement les bienvenus, mais tu connais bien la maison, non ?

Pas besoin de me faire un dessin, j'ai pigé : entre Marion et la crim', ce n'est pas le grand amour.

Je repasse le porche du 36, monte les escaliers, prends les couloirs de la crim'. Des têtes connues me saluent :

— Oh Bernard, ça va ?

La crim' est désormais dirigée par une femme, Martine Monteil. Je m'assieds au cœur de la réunion, c'est la première fois que je reviens au 36 comme commissaire. D'habitude ce genre de rendez-vous je n'y assistais pas, c'était le commissaire qui y allait. Maintenant, le commissaire, c'est moi. Je suis bien accueilli. C'est Bruguière, « l'Amiral » qui mène les débats. Qui portent sur une cellule terroriste, le réseau Chalabi, en train de prendre racine en région parisienne. Des dizaines de personnes ont déjà été identifiées ou interpellées partout en France. La 6 monte dans le train en marche, chargée de certains de ces objectifs, en province, en assistance de mes anciens collègues. Je sens que la crim' n'est pas très joyeuse de voir la 6 intervenir dans ce dossier.

Me voilà pris entre deux feux.

*

Le réseau Chalabi est une date importante dans l'histoire du terrorisme. Pour la première fois, les banlieues françaises, où prennent racine de vrais illuminés convertis à l'islam, sont en cause. Le terroriste ne vient plus de l'étranger, comme Carlos, ou de l'idéologie gauchiste, comme Action directe. Voici venu le temps du fanatisme, du terrorisme religieux.

Je travaille sur les suites d'un attentat survenu à Marrakech, au Maroc, dont les auteurs sont des Français issus de quartiers sensibles. Tout va très vite. Crescendo. Pas le temps de souffler ni d'analyser un phénomène qui va mettre toutes les polices de France sur les dents, nous en premier, nous surprendre et nous déstabiliser.

*

L'événement suivant est le détournement, à Marseille, d'un Airbus A300 reliant Paris à Alger. La 6 est saisie de l'enquête, je rentre de congés, Marion m'interpelle :

— Pasqua, tu pars à Marseille avec Bruguière, ventre à terre et couilles rasant le bitume !

« L'Amiral » est omniprésent dans tous ces dossiers. Ce 31 décembre 1994, je pénètre avec lui dans l'avion détourné où le GIGN, l'unité d'élite de la gendarmerie, est intervenu et a évité le pire. Nous sommes filmés, le juge a, comme de coutume, convoqué les médias.

Je me rends compte, dans l'avion, que le carnage a été évité de justesse : les parois séparant la cabine de pilotage de l'espace passager sont criblées d'impacts de balles. Un miracle qu'il n'y ait pas eu de victimes innocentes.

*

Un événement est le déclencheur de la plus sanglante vague d'attentats en France. Le 12 juillet 1995, l'imam Sahraoui est assassiné dans la mosquée de la rue Myrha. Il est l'un des fondateurs du FIS (Front islamique du salut), parti fondamentaliste interdit et pourchassé par le gouvernement d'Alger. La crim' enquête, nous ne sommes que de simples observateurs, tout le monde se perd en conjectures. Qui ? Pourquoi lui ? Dans quel but ? Le gouvernement algérien a-t-il violé la sacro-sainte interdiction : « on ne règle pas nos comptes en France » ?

Ou le bras armé du FIS, le Groupe islamique armé (GIA), a-t-il voulu envoyer un message en abattant un modéré qui avait pris ses distances avec le mouvement ?

Marion part en vacances, mais il emporte le fax, exige d'être tenu au courant de tout. L'ambiance est tendue, Charles Diaz est parti, et ça s'est mal passé. Charles ne supporte plus la méthode Marion, les coups de gueule. Je ne suis pas là lorsque l'ultime accrochage entre eux éclate, mais on me raconte :

— Charlie a collé « Y gueule fort » (« *Eagle four* », son nom de code) contre le mur !

Le calme Charles ? Il a vraiment dû y aller fort notre patron !

*

En tout cas, le 25 juillet, je suis seul commissaire à la 6 quand une bombe explose à la station RER Saint-Michel. Il est 17 h 30, huit morts et cinquante blessés viennent de tomber. L'explosif est rudimentaire, mais dévastateur : une bombe à clous.

C'est le responsable du secrétariat qui entre en trombe et nous prévient :

— Je viens d'entendre France Info, il y a eu un attentat dans le métro !

L'état-major confirme, on fonce sur les lieux. Simples observateurs, c'est la PJ parisienne, le 36, qui mène l'enquête. Nous descendons sur les quais, je suis saisi par l'horreur de la scène de guerre où les cadavres, démembrés, baignent dans leur sang sous la lumière surréaliste des projecteurs. Je me souviens surtout du travail des sapeurs-pompiers, des professionnels pleins d'abnégation et en apparence très distants.

Marion rentre à Paris, « couilles rasant le trottoir ».

Saint-Michel est le point de départ d'une vague d'attentats et de folie meurtrière. Une vague, c'est vraiment le terme tant les bombes se succèdent.

17 août 1995, 17 h 10 : second attentat à l'explosif au 44, avenue de Friedland, à Paris (VIIIe). Dix-sept blessés dont trois grièvement. Un engin composé d'un réservoir rechargeable de gaz butane, de fabrication artisanale associant poudre noire, chlorate de sodium, soufre, mitraille (clous et écrous) et mis à feu par un « allumeur de circonstance » ainsi que nous l'écrivons dans un procès-verbal pour décrire son caractère artisanal, à portée du premier venu : une tête d'allume-gaz et une lampe électrique, une horloge pour déclencheur. Un peu comme à Saint-Michel ...

26 août, 9 h 30 : découverte d'un explosif de même nature, plus imposant, sur la voie ferrée du TGV à Cailloux-sur-Fontaine (Rhône) dont le système de mise à feu a été heureusement arraché par la très grande vitesse du train.

3 septembre, 11 h 15 : un engin fait long feu sous l'étal d'un marchand de fruits et légumes du boulevard Richard-Lenoir, dans le XIe arrondissement de Paris. Innovation dans le mode opératoire, c'est un autocuiseur lui aussi bourré de clous, vis et écrous.

Le lendemain, Paris toujours, 11 h 55. Découverte d'une bouteille de gaz butane contenant plus de vingt-cinq kilos de poudre, charbon de bois, chlorate, devant exploser à l'ouverture du marché couvert qui se tient chaque dimanche sur la place Charles-Vallin.

7 septembre, 16 h 50, à une encablure du collège privé israélite « Nahalat Mosché » à Villeurbanne (Rhône) : un passant est grièvement blessé, huit autres plus légèrement, par l'explosion d'une charge dissimulée dans une voiture en stationnement rue Jean-Claude-Vivand et volée la veille non loin de là. Elle aurait dû sauter à la sortie des cours, n'était un retard de quelques minutes dans le réglage de la minuterie.

Retour dans la capitale le 6 octobre, 15 h 19, avenue d'Italie : explosion d'une bouteille de gaz préalablement déposée dans une poubelle publique. Seize blessés.

17 octobre enfin, 7 h 08 : dans le RER C, entre les stations Musée-d'Orsay et Saint-Michel, vingt-six blessés, dont quatre très grièvement, après un nouvel attentat en sous-sol.

À chaque fois, le Groupe islamique armé (GIA), revendique l'acte, par des communiqués diffusés de l'étranger *via* le bulletin terroriste *Al-Ansar.*

*

Nous pataugeons. J'ai la tête dans le sac comme toutes les polices de France lancées dans la chasse aux terroristes. Nous n'avons ni visages, ni noms, ni points de chute. Le GIA peut frapper où et quand bon lui semble, il règne un climat de psychose jamais vu chez nous depuis la guerre d'Algérie.

Le premier indice survient après la découverte de la bouteille de gaz du TGV de Cailloux-sur-Fontaine. Nous avons une empreinte. Marion a pris les choses en main et écarté *manu militari* la police judiciaire locale des investigations, car il se méfie de tout le monde… sauf de lui.

— Tous des cons, des merdes…

L'indice relevé sur un bout de sparadrap nous donne un nom : Khaled Kelkal, né un 28 avril 1971 à Mostaganem (Algérie) et recherché pour des tentatives de meurtre sur des agents de la force publique perpétrés en juillet 1995 à Bron (Rhône). Il a forcé un barrage de police avec deux copains. Ils ont tiré et blessé deux policiers, ont pris la fuite en abandonnant leur véhicule avec une attestation d'assurance à son nom. D'après ce document, il habiterait à Vaulx-en-Velin, une banlieue sensible de Lyon. Branle-bas de combat.

À Lyon, je travaille avec le patron de l'anti-gang local, un certain Michel Neyret…

*

Ambiance à couper au couteau. Je ne sais plus qui ni où je suis par moments, tiraillé et affligé par ces stériles guerres des polices, entraîné moi aussi dans cette chasse à l'homme, ce Kelkal, dont le signalement et la photo ont été diffusés partout dans les médias. C'est l'ennemi public numéro un. La moindre information à son égard est vérifiée, même la plus farfelue ; des dizaines de personnes sont interpellées.

Jusqu'au 27 septembre 1995.

*

Je suis en Avignon pour une énième série d'arrestations. Marion hurle au téléphone, il justifie plus que jamais son surnom d'*Eagle 4* :

— Ça y est, on est dessus. Il faut que tu retournes à Lyon...

— Quoi ? On a Kelkal ?

— Non ce sont des connards, des incapables, ils l'ont raté de peu dans les Monts du Lyonnais. Fais tes valises avec tes gars. Je veux tout le monde sur place. Et *fissa* !

« On est dessus », en langage marionesque veut dire que Roger a réussi à écarter les autres services au profit de « sa » 6e section.

J'apprends sur la route que, lors d'un contrôle d'identité, sur le col dit de Malval, à Vaugneray, des gendarmes alertés par la présence de deux hommes suspects en camping sauvage les ont contrôlés. L'un deux a pris la fuite, le second a ouvert le feu, puis a été blessé. Il se nomme Karim Koussa, 23 ans, et nous déterminons rapidement qu'il s'agit d'une relation de Kelkal.

Sur les lieux du campement, il y a des armes, des ouvrages religieux musulmans, des plans de Lyon et de Paris, ainsi qu'un système de mise à feu d'engin explosif. J'arrive à Lyon en fin d'après-midi, Marion est pendu au téléphone :

— Tu vas te rendre à la réunion de crise.

Dans la salle, en présence du préfet, du procureur de la République, mes collègues de la PJ me regardent presque avec pitié. Ils ne portent pas le patron de la 6 dans leur cœur et savent ce que j'endure. Nous devons mettre au point une stratégie pour intercepter Kelkal. Le temps presse !

« Y gueule fort » m'appelle sans arrêt :

— Tu leur dis de faire comme je décide ! Point final !

Il veut donner des instructions à tout le monde. J'ai le rôle du haut-parleur de Marion et je déteste ça ! Je dois sortir de la salle plusieurs fois, pour me faire pourrir au téléphone, sous les regards narquois de ceux à qui on ne la fait pas, car ils connaissent la réputation de mon supérieur qui ferait trembler un régiment de légionnaires.

Les barrages routiers finissent par payer : des proches de Kelkal sont arrêtés et avouent l'avoir ravitaillé durant sa traque. C'est le début de la fin pour l'ennemi public au regard presque enfantin. Les contrôles permanents à Vaulx-en-Velin commencent à agacer, il se retrouve seul, sans appui, sans point de chute. Il tombe sous les balles de gendarmes au lieu-dit Maison-Blanche à Vaugneray. Bêtement. L'arme au poing. Légitime défense quoi qu'on ait dit.

Quand nous apprenons sa mort, je suis en réunion avec Marion et la juge d'instruction antiterroriste Laurence Le Vert. Nous fonçons sur place, pied au plancher, Marion au volant comme dans la vie, sans modération et sans état d'âme. La frousse de ma vie.

À Maison-Blanche, il y a le cadavre encore chaud de Khaled Kelkal. Et TF1, qui est là par hasard après avoir suivi au jugé des militaires en mouvement. Au cas où. Étrange ambiance alors qu'arrivent ambulances, pompiers et tout ce que la région compte d'autorités.

La mise hors d'état de nuire de Kelkal et de ses amis signifie le début d'un long travail pour nous. Il n'a pu commettre seul cette série noire qui va, d'ailleurs, continuer jusqu'en octobre. C'est une enquête à tiroirs : le réseau, dirigé de Paris, est constitué de trois groupes, à Vaulx-en-Velin, Châsse-sur-Rhône et Lille.

*

Son histoire et son fonctionnement me font encore froid dans le dos. Et craindre chaque jour une espèce de *remake*. Dans la capitale, le cerveau est un certain « Medhi », nom de code pour Boualem Bensaïd, envoyé en France par un émir du GIA basé en Algérie, Djamel Zitouni.

Le groupe de Châsse-sur-Rhône est dirigé par Joseph Jaime et David Vallat, des intellectuels chargés de recruter les membres du réseau et support logistique. Ce groupe, au moment d'être démantelé, devait frapper un dépôt pétrolier.

La cellule de Vaulx-en-Vélin est plus « sur le terrain » : ce sont des délinquants de droit commun, au premier rang desquels Kelkal et Koussa. Elle est définitivement mise hors d'état de nuire avec la mort de Kelkal, une perte pour Bensaïd. Le chef du réseau tente, par tous les moyens, de le remplacer. C'est là que nous intervenons, déroulant une pelote de laine qui nous mène droit vers les responsables terroristes, ce qui évite d'autres bains de sang.

Nous identifions un personnage capital, Nassredine Slimani, Franco-Algérien de 25 ans, domicilié à Vaulx-en-Velin, que nous décidons de ne pas interpeller pour mieux le surveiller, très étroitement. Nous découvrons qu'il est souvent en relation téléphonique avec un certain Mehdi, inconnu de nous jusqu'ici, depuis différentes cabines situées place de Barcelone, à Paris (XVIe), et ses environs. Nous déployons un vaste dispositif avec le RAID. Jour et nuit. Pas une cabine ne nous échappe. Ni leurs utilisateurs, suspects uniquement parce qu'ils les utilisent. Ainsi un peintre en bâtiment fera l'objet pendant quarante-huit heures d'une « filoche » rapprochée parce qu'il avait eu la malencontreuse idée de se trouver trop près de nos filets en promenant son chien.

*

Le 1er novembre, les écoutes téléphoniques entre le nord de la France et la capitale nous donnent des sueurs froides, font monter l'adrénaline. Bensaïd tente de « remotiver » Slimani et ne ménage pas sa peine, lui rappelant comment on fabrique les bombes, l'encourageant en évoquant les « succès » des attentats de Maison-Blanche, Saint-Michel ou Orsay :

X : On est arrivé, c'est fini, on lui a fixé l'autre, on l'a essayé mais ça va être superbe.

Mehdi : Ah bon.

X : Je te le jure.

Mehdi : Que le diable l'emporte.

X : Que le diable l'emporte.

Mehdi : Tu l'as essayé, c'est bien ?

X : Oui c'est super, je te le jure.

Mehdi : Et le truc, vous l'avez travaillé ?

X : Quoi ?

Mehdi : Le truc là, le quartz.

X : Oui.

Mehdi : Tu l'as travaillé ?

X : Oui je l'ai essayé un quart d'heure.

Mehdi : Alors tu vois, je te demande si tu l'as essayé tu me dis que oui... Tu l'as débranché, coupé et tout ?

X : Oui tout.

Mehdi : Mais c'est du boulot.

X : C'est du boulot, j'étais trempé, je transpirais.

Mehdi : C'est ça le boulot ! Il faut que tu transpires.

Quartz, débranché, transpiration... Ils préparent des bombes, le temps presse !

Nous décidons d'interpeller Bensaïd *alias* « Mehdi » dès le lendemain. Je suis bien sûr au cœur d'un dispositif policier discret. Je me trouve dans la voiture de Christian Lambert, numéro deux du RAID. Fin d'après-midi. Je vois notre objectif. Sortir, traverser la Seine, s'arrêter à une cabine où il a ses habitudes. À deux pas de nous, presque à le toucher. Pas question de prendre le moindre risque. Il est plus de 21 heures, il y a encore du passage. Bensaïd continue son chemin, je descends de la voiture à sa suite. Je « verrouille » la cabine en attendant l'Identité judiciaire. Elle révélera trois empreintes : celles de Bensaïd.

Notre homme regagne son appartement rue Félicien David, nous le laissons sous surveillance constante. Le lendemain, en fin d'après-midi, il retourne vers la cabine. Ordre est donné de le « sauter » devant chez lui. Mais il est tard, nous n'avons plus le droit légal de fouiller son appartement, la perquisition doit être repoussée de quelques heures. La nuit se passe à surveiller l'immeuble. À 6 heures pétantes, nous entrons avec Bensaïd. Un faux pas, une erreur, et la procédure ne tient plus devant le juge ! On trouve notre bonheur, documents comptables, armes, argent, des outils pour fabriquer des bombes : un fer à souder, des piles, batteries, ampoules, un réveil à quartz, du scotch, du chlorate de soude.

Le 2 novembre, dans la foulée, le groupe de Lille est démantelé, et arrêté le fameux X qui avait conversé avec « Mehdi » Bensaïd. Il se préparait à acheter des « bonbons » pour perpétrer un attentat sur le marché de Wazemmes, l'un des plus fréquentés de Lille.

*

Jean-François Lelièvre, adjoint de Marion, revient de Lille, le transfert des terroristes ne s'est pas très bien passé. Il me raconte :

— On fonce sur l'autoroute A1, tu sais comment ça se passe. Soudain, je vois l'Opel devant moi faire un violent écart, heurter le rail central de sécurité. Le chauffeur réussit tant bien que mal à éviter les autres automobilistes, et s'arrête. On freine tous, je saute hors de ma bagnole.

Je suis surpris et je presse Jean-François.

— Qu'est-ce qui s'est passé ?

— L'un des prisonniers a réussi à passer une jambe entre les sièges avant, et a balancé un coup de pied dans le bras du chauffeur.

— Qu'est-ce que tu as fait ?

— On leur a mis les pinces aux pieds, à tous ! Deux précautions valent mieux qu'une.

*

Vient le temps de la garde à vue dans nos locaux. Nos suspects sont attachés aux radiateurs ou aux sièges. Ce qui nous vaut deux évasions dont l'une me conduit droit à la seule sanction de ma carrière de commissaire. Un blâme. Les « pinces » – les menottes –, de l'un des présumés terroristes n'étaient pas assez serrées, il a pris l'ascenseur et est sorti comme si de rien n'était. Marion teste lui-même le serrage des « pinces » provoquant des grincements de douleur des gardés à vue.

Bensaïd a parlé avec l'un de mes hommes, Gérard « Gégé » Masson, qui avait réussi à créer une espèce de climat de confiance. Un peu. Pas moi. Je me souviens avoir essayé :

— Pourquoi posez-vous des bombes à de telles heures en visant des innocents qui vont au boulot ?

—…

— La plupart ont d'ailleurs les mêmes origines que vous…

—…

Bensaïd est hermétique et froid. Il finit par me répondre :

— L'armée française a bien commis des massacres d'innocents en Algérie !

Mais que devais-je attendre de plus ? Des explications ? Des justifications ? Des excuses ? Ce n'était pas le genre de type à faire des confidences, contrairement à nos « clients » de droit commun.

*

Nous avons fini l'année 1995 sur les genoux mais avec la satisfaction d'avoir fait notre travail. Et bien. Nous avons évité de justesse un nouveau carnage. Champagne avec Jean-Louis Debré, alors ministre de l'Intérieur, un ancien juge d'instruction, pour lequel j'ai estime et respect. Compétent, humain. Faisant confiance aux policiers.

Mais je vis ma première désillusion de commissaire. Peut-être la seule. Après les succès, la récompense. Ma section va être honorée, je suis proposé à l'ordre national du Mérite, la plupart de mes hommes à la médaille pour Actes de courage et de dévouement. Pourquoi pas tous ? Marion a rayé quelques noms, le fait du prince !

Rien ne semble contrarier cette reconnaissance jusqu'au jour où j'apprends ne pas être retenu. Surprise. Que s'est-il passé ? Je ne le saurai pas. Lorsque mes « gars » ont été, eux, dûment décorés Place Beauvau, je suis resté seul dans mon bureau. À broyer du noir. Je ne serai pas non plus promu principal, le grade supérieur, pour lequel je remplissais toutes les conditions. Mais je n'ai pas fait de lobbying, comme il faut souvent, faute de temps. Je suis oublié.

L'ambiance est exécrable au sein de la police, Roger Marion plastronne, on a gagné. Mais à quel prix ?

22
Eagle 4

« Y gueule fort »

J'ai travaillé avec le flic le plus décrié de France, peut-être le plus détesté. Cela me donne quelque légitimité pour en parler. Les excès de Marion, son management épouvantable, ne doivent pas masquer ses réussites. Le pro est parvenu, en force certes, à démanteler les réseaux islamistes de 1995. Il ne faut pas oublier son côté fonceur, son désir de tout contrôler. « Eagle 4 », comme certains l'appelèrent, est un personnage bien utile pour masquer des insuffisances, les mauvais choix d'autres services.

J'ai aimé travailler avec le pro, j'ai détesté l'homme, le chef. Mais il était malin, il avait compris une chose : il fallait avoir les juges dans la poche. Alors que d'autres policiers voient d'un œil plus que méfiant l'irruption des magistrats dans les enquêtes, « Y gueule fort » se transformait soudain devant eux en agneau, maniait la flatterie. Cette technique porte ses fruits en

1995 : il peut se permettre de taper sur la crim' en toute tranquillité, il a l'oreille des magistrats antiterro.

J'ai détesté le voir faire ! Mais sa manœuvre réussit au-delà de toutes espérances. En 1995, en pleine vague d'attentats en direct à la télévision, le président de la République, Jacques Chirac, somme les services de police de s'entendre, sinon « des têtes vont tomber ».

*

Et elles tombent, celles de deux très grands flics : Claude Cancès, patron du 36, et Ange Mancini, créateur du RAID. Marion plastronne, il s'est vengé ! Au début de l'été, il a été viré du « club de la Poularde », un dîner mensuel des commissaires, une sorte d'amicale informelle. Diviser pour régner, telle est sa devise. L'homme avait l'art de s'attirer les sympathies de ceux qui le servent, et la haine de ceux qu'il veut écraser. Tout pour lui, rien pour les autres ! Jamais éconduit par les ministres de l'Intérieur, jusqu'à Nicolas Sarkozy. De gauche et de droite, il a su les séduire en dépit des rumeurs, souvent vraies, relayées dans les médias et dans la « grande maison ». Peut-être leur faisait-il peur ?

*

Je vivrai « grâce » à Marion, un moment unique dans une vie de policier : quarante-trois demandes de mutations déposées en même temps sur son bureau, quasiment 80 % de la DNAT qui dit stop ! Du jamais vu ! J'ai dû jouer les casques bleus, déminer ce merdier. Mes hommes disent tous la même chose :

— Patron, on ne le supporte plus !

— Avec lui, ce n'est jamais assez !

— On n'arrête pas, lui, il est félicité, mais c'est grâce à notre boulot !

Mais en cette fin d'année 1995, Marion est au sommet, il tonne, vocifère, clame sa maxime, son credo :

— Le premier qui bande encule l'autre !

Marion la classe !

*

Fin 1996, je ne suis plus dans les bonnes grâces de Marion. Je devrais passer commissaire principal, mais « Y gueule fort » soutient un autre collègue pour cette promotion. Les islamistes ne l'intéressent plus, il est passé aux autonomistes corses qui refont parler d'eux en commettant un attentat à la mairie de Bordeaux, le fief d'Alain Juppé.

On sait ce qu'il en adviendra, Marion et sa « piste agricole » imaginaire dans l'affaire de l'assassinat du préfet Érignac, Marion qui s'empare de l'enquête de son adjoint, après l'avoir traité de « connard avec ses listings téléphoniques de merde » ; Marion qui oublie un certain... Yvan Colonna ! Ce raté finit par éclater au grand jour, Marion chute, il va passer les dernières années de sa carrière au placard, préfet hors cadre, lui qui se rêvait patron de la police !

Mais je ne suis plus là pour le voir tomber. « Grâce » à lui, je me retrouve à Reims !

23

Le calme relatif de la province

J'ai pris la tangente ! Pour la première, la seule fois de ma vie, j'ai mis les voiles. Marion commençait à m'accuser du crime suprême : coupable de fuites auprès de journalistes. Sacré Roger ! Je n'en peux plus, je cherche un poste, n'importe où, mais loin de lui. Je vise la crim' de Lyon. J'ai croisé plusieurs de ses membres durant l'affaire Kelkal, la porte est ouverte, ils aimeraient bien me récupérer. Mais encore faut-il qu'un poste soit libre. Ce n'est pas le cas. Ma demande de mutation est pourtant faite. On me propose Reims.

Reims ?

*

Le calme après la tempête. Je suis donc nommé, en ce printemps 1997, au Service régional de police judiciaire (SRPJ). Je mesure les avantages : une heure quinze de Paris. Reims, capitale du champagne, sa cathédrale, sa relative quiétude en apparence, une ville jeune où j'ai aussitôt trouvé un studio de vieux célibataire. Je prends mes fonctions de chef de la division criminelle un matin de mai, je suis chaleureusement accueilli par le directeur Bernard Salles. À cette époque, Reims couvrait trois départements, la Marne, l'Aube, et les Ardennes.

Soyons honnêtes : je suis un « jeune » commissaire, je n'ai que cinq ans d'exercice. Mais j'ai vingt-cinq ans de police ! Reims, clairement, c'est un retour en arrière. Pas une sanction, j'ai choisi de quitter la 6, mais une petite reculade. Saint-Germain, la crim', le 36, les stups du 93, l'antiterro, Reims… Cherchez la fausse note !

Ma première impression est mitigée. Je suis même désarçonné quand on me parle chiffres : il y a, me dit-on, bon an mal an une dizaine de saisines d'affaires de braquages et j'ai un peu de mal à m'habituer au calme qui règne à la PJ. Des fonctionnaires un peu plan-plan, le sentiment de passer d'une Ferrari à une berline familiale. Pas vraiment d'affaires médiatiques, la dernière venant d'être résolue peu avant mon arrivée, le meurtre d'un proviseur de collège à Troyes.

Reims va en fait se révéler pour moi un sas de décompression ! Des policiers qui ont le temps de traiter leurs enquêtes, sans prise de tête ni de bec, une sérénité dans le commandement. Je passe des cris et hurlements de mon ancien « patron » à un havre de paix. Les coups de fil incessants et répétés de *Eagle 4* se sont tus, il m'arrive de m'inquiéter du silence de mon téléphone, je le sors de ma poche, le regarde comme s'il était en panne. J'apprends certains aspects du métier méconnus jusque-là, la gestion administrative ou la rédaction de télégrammes. Je comprends du coup l'intérêt de raconter par le menu aux autres services nos affaires, les subtilités du savoir-faire et faire-savoir, comme me disent alors mes collègues.

Chez Marion, à la 6e division, c'était la grande muette : Roger a un jour arraché le téléphone des mains d'un commissaire qui parlait en espagnol avec sa grand-mère, croyant que le policier échangeait des tuyaux sur ETA avec les collègues espagnols ! Défense de perdre une bataille dans la guerre des polices !

À Reims, changement d'ambiance. Faire savoir c'est faire connaître. Pas de télégramme relatant nos enquêtes, pas de reconnaissance. Sans compter les informations complémentaires qui peuvent surgir.

— Ah tiens, vous avez fait une belle affaire ! Mais dites, on a un cas qui lui ressemble beaucoup… Je vous envoie le dossier.

J'apprends donc à communiquer, ce qui change ma vie professionnelle. Et cela va devenir une exigence, je vais me transformer obsédé… du télégramme. Mes troupes seront des as de la rédaction-transmission pour mettre au courant toute la chaîne policière, hiérarchie comprise. De bas en haut, sans flagornerie, vanité, désir de promotion, de faire du chiffre. Juste pour information, au cas où.

*

À Reims, j'ai eu le temps de me ressourcer. Il y a pourtant eu des coups de vent comme ce 28 janvier 1998, jour d'inauguration du Stade de France et d'un match France-Espagne. Inratable.

Je préviens mon directeur que j'ai une invitation et suis donc retenu à Paris ce jour-là.

— Bon match, veinard !

À 17 heures, par un froid de canard, le téléphone sonne :

— T'es où là ? demande-t-il.

— J'attends mon fils pour aller au stade comme prévu.

— Ah…

Je sens dans sa voix comme un désarroi. Une gêne. J'insiste, flairant des ennuis, ce qui n'est encore jamais arrivé au SRPJ depuis mon arrivée :

— Il y a quelque chose de particulier ?

— On a un truc embêtant. Le meurtre d'une personne âgée à Troyes, un peu curieux. La fille est sur place, elle semble très perturbée…

— C'est bon je viens.

Adieu Stade de France, ballon rond, ola, ferveur et fiston. Je pars *illico*, pied sur le champignon ; dans la voiture je rigole tout seul : mon cher directeur qui prend des gants pour me demander sans me demander, tout en me demandant, de bien vouloir interrompre mes loisirs… Vraiment je suis désormais sur une autre planète ; « Y gueule fort » aurait hurlé un « tu te ramènes couilles rasant le trottoir » bien senti !!!

Ce ne fut pas l'affaire du siècle. Un petit pavillon, un corps… c'est moche. En entrant, je tique : la scène de crime n'a pas été préservée. Les pompiers sont arrivés les premiers, je les interroge :

— Qu'est-ce que vous avez fait ?

— J'ai appelé la police.

— Avec ce téléphone ?

Je grimace…

— Fallait pas ? J'ai fait une connerie ?

Je ne lui crie pas dessus, mais oui, il a fait une boulette. On n'utilise pas le téléphone du lieu du crime, c'est basique.

Deuxième erreur des pompiers : ils se sont lavé les mains dans l'évier de la cuisine, faisant ainsi disparaître d'éventuelles traces. Je comprends que les volontaires locaux sont moins formés que la brigade professionnelle parisienne. Aussi je plaide pour une petite session de rattrapage, du genre « que faire sur une scène de crime », par le « professeur » Pasqualini ! Une idée de mon directeur.

Ce sera fait, les pompiers ainsi instruits ne commettent plus d'erreurs, du moins ceux-là.

Le soir, je fais le point avec les gars :

— On en est où de l'enquête de voisinage ?

— On n'a rien. Les gens n'ont rien vu, rien entendu…

— OK, donnez-moi la liste.

— La liste ? Mais on n'a pas pris les noms, puisqu'ils n'ont rien vu.

— Et si un voisin fait des confidences plus tard, prétend que vous ne l'avez jamais interrogé ?

— Ah oui, on n'y avait pas pensé !

Je peine à ne pas exploser ! Mon directeur me regarde, et me lance d'un air désolé :

— Bernard, tu n'es plus à la crim', sois patient...

Je souris ; il a raison.

Et l'affaire ? Ah oui, c'est bien la fille qui avait tué sa mère.

*

Le rythme rémois est bien agréable : à midi je peux rentrer déjeuner dans mon petit studio. Le soir, je suis chez moi avant 19 heures, sauf gardes à vue en cours.

Le changement ne plaît pas, mes ordres et désirs ne sont pas toujours bien accueillis. Par exemple, je me rends compte qu'il n'y avait pas toujours de procès-verbal de fouille détaillé des suspects. J'en discute avec un chef de groupe :

— Il faut systématiquement établir l'inventaire de leurs affaires !

— Ce n'est pas à nous de le faire, c'est au gardien de la paix qui les palpe !

— Mais si ! Si un gars a une bague ou un objet précieux et que celui-ci disparaît, il peut nous accuser de vol ! Si on a un PV, on est couvert ! Vous êtes OPJ, vous devez le faire !

— On va pas s'emmerder avec ça, on ne l'a jamais fait !

— Vous le faites et voilà tout.

— Pas sans un ordre écrit !

Ambiance...

*

Les mois passent, je m'ennuie, ma cure de repos a assez duré ! Je demande un rendez-vous au directeur central de la PJ (DCPJ), à Paris, Bernard Gravet :

— Bon, vous êtes passé à la 6…

Le haut fonctionnaire épluche mon dossier :

— J'ai un poste pour vous, celui de chef de la police judiciaire de Cergy-Pontoise, dans le Val-d'Oise. Vous serez rattaché à la direction régionale de Versailles (Yvelines). Faites acte de candidature, je vous y encourage.

Je vais à Versailles rencontrer François Jaspard, patron de la PJ de Versailles, mon peut-être futur chef. Ce n'est pas un inconnu, je l'ai rencontré quand j'étais à la 6, il officiait à Bastia.

— Bernard, je vais être franc : tu es mon candidat. Mais Cergy n'est pas un cadeau, c'est un boulot difficile, il y a des tensions. La PJ locale a mauvaise réputation. Les gars ne se parlent pas d'un bâtiment à l'autre.

J'en salive d'avance ! Moi qui adore la difficulté. En plus pour adoucir la pilule, je vais être nommé commissaire principal.

Direction le 9-5 !

24
La PJ à Cergy

Je ne peux pas oublier la date de mon installation à Cergy : le 13 juillet 1998.

Ce matin-là, comme presque tout le monde, j'ai un petit air dans la tête : « Et un, et deux, et trois zéro… On est les champions, on est les champions… »

J'ai vibré, crié, bondi, et j'arrive à mon nouveau poste tout guilleret : champion du monde de foot !

L'après-midi, je ne résiste pas à la tentation : je vais voir passer les vainqueurs aux Champs-Elysées. Des milliers de personnes s'entassent sur la plus belle avenue du monde au mépris des règles évidentes de sécurité, dans la plus totale improvisation. Le flic que je suis sent tout de suite le danger. J'évacue de ma propre initiative des gamins et des femmes totalement inconscients, prêts à tout pour approcher Zidane et les autres. Mais on a frôlé le drame ; si le parcours du car des champions n'avait pas été écourté, il y aurait certainement eu des victimes.

Bon, trêve de réjouissances footbalistiques ; au boulot !

*

Je saisis vite le problème de Cergy : il ne s'agit pas de remettre les gens au boulot, comme on me l'a dit, mais d'insuffler plus de rigueur, de mieux encadrer ceux à qui on a laissé la bride sur le cou et qui font ce qu'ils veulent.

Les stups ne parlent pas aux membres de la répression du banditisme, lesquels n'adressent pas la parole à ceux du groupe criminel ! Merveilleux ! Le summum est atteint lorsque le chef du groupe de répression du banditisme insulte mon adjointe, Emmanuelle Grégoire, une jeune commissaire. Pourquoi ? Parce qu'elle a osé lui donné un ordre. Ce jour-là, je suis absent, il en profite :

— Je ne vais pas me faire emmerder par une connasse sortie d'un commissariat !

Je l'avais déjà dans le collimateur, cette fois il est allé trop loin, je le convoque :

— Qu'est-ce qui s'est passé avec Emmanuelle ?

— Mais rien, c'est elle qui…

— Je vous demande de vous excuser.

— Hors de question !

Ce n'est pas un mauvais flic de terrain, mais il a été un peu surcoté par ses chefs, du coup il se croit tout permis ! Or je ne tolère pas ce genre d'insultes. Pour la seule fois de ma carrière, je déclenche une enquête disciplinaire. Dans la journée, il passe à Versailles devant le directeur, se voit immédiatement suspendu de son commandement, et se retrouve troisième du groupe.

À 15 heures, je réunis tout le monde. Je prends la parole, explique ce qui s'est passé. La plupart des policiers hochent la tête, le message est clair. L'affaire assoit mon autorité et permet à notre service de travailler dans le bon sens.

*

Très vite, j'ai entendu parler du Trou Poulet à Herblay.

— Le Trou quoi ?

— C'est un quartier chaud, de manouches, ils font du trafic de bagnoles.

Drôle de nom en fait pour un quartier qui, depuis des décennies, est occupé par des gens du voyage sédentarisés. Peu à peu, Trou-Poulet s'est transformée en zone de non-droit avec des centaines de maisons. Permis de construire ? Urbanisme ? Laissez tomber, ces mots sont vides de sens dans ce genre d'endroits. Tout le monde a laissé faire. Trou-Poulet : un abcès de délinquance !

Je tombe des nues, un matin, en buvant le café devant une de ces machines automatiques qui ont remplacé la traditionnelle cafetière. Je me trouve avec le chef de la BAC (brigade anticriminalité), qui est furieux. Je sens qu'il en a gros sur la patate :

— Patron, ça ne peut plus durer !

— Que s'est-il passé ?

— Un rodéo, ce matin, à 7 heures, en plein trafic, une bagnole qui remonte l'A15, à fond...

— À contresens ?

— Oui, le mec est un malade, mais il a un sacré coup de volant.

Je comprends que la BAC prend aussi beaucoup de risques pour tenter d'intercepter ce genre de fous furieux... La mort sur le périph' de deux policiers de cette unité après une course-poursuite le 21 février 2013 montre que rien n'a changé.

Je regarde le patron de la BAC, vert de rage :

— Le pire c'est qu'on sait de qui il s'agit ! La bande du Trou-Poulet, on a tous les éléments pour les boucler !

— Et bien, qu'est-ce qu'on attend ? Un mort ?

— On me répond qu'on est débordé, qu'il y a d'autres priorités.

Il met un beau pavé dans mon jardin en ajoutant :

— La PJ, au courant, ne fait rien... J'écris des rapports qui finissent dans un tiroir.

Je fais mon Louis XIV, « la PJ c'est moi » et dis :

— On s'en occupe !

Grâce à la BAC, on a des noms. Du coup un « dispo » est mis en place : surveillance, planque. J'emploie les grands moyens : utilisation d'un hélicoptère, peu courant comme auxiliaire d'enquête, de la BAC, de la brigade de recherche et d'enquête dans les cités (BREC) de Versailles.

L'objectif se révèle intéressant ; à force de planques, nous amassons les preuves. Puis vient le jour de l'opération. Une vingtaine d'interpellations, un coup de pied dans la fourmilière qui met un terme à de véritables trafics de véhicules volés. Du grand art : des voyous capables, en une seule journée, de démonter les voitures pour les maquiller ou les transformer en bolides. Des experts de la pièce détachée travaillent dans de grands ateliers au beau milieu du Trou-Poulet. Le tableau valait le détour, puisqu'on découvre des voitures volées par dizaines et d'autres achetées à la casse pour récupérer les pièces et surtout les numéros de châssis et de moteur. Juteux trafics ! Bien sûr, notre opération coup de poing n'a eu qu'un effet limité : les malfrats ont recommencé sitôt notre enquête bouclée, tant un voyou chasse l'autre, il y a toujours quelqu'un pour prendre le relais. Dommage pour la qualité et la somme de travail fournies. Des hommes de la BAC et de la BREC ont passé des heures dans les fourrés, les taillis, les fossés, à planquer au Trou Poulet. Drôle de nom pour un drôle d'endroit. Drôle de faune, drôles de loustics.

Et moi, je ne sais toujours pas pourquoi cette zone porte ce nom !

[illegible]

25

Le boxeur

[illegible]

25
Le boxeur
Poing final

Un jour de mai 1999, on frappe à la porte de mon bureau. C'est un technicien de l'Identité judiciaire.

— Patron, on a du nouveau dans une vieille affaire. Le FAED (Fichier automatisé des empreintes digitales) nous a appelé. Une empreinte vient de parler et on a un nom.

— Quelle affaire ?

— Moysset, c'était en 1994, un couple de personnes âgées assassinées.

J'appelle Jean-Pierre Estève, un très bon flic du groupe criminel.

— On a un nom sur une des empreintes relevées dans l'affaire Moysset. Vous avez travaillé sur ce dossier ?

— Oui, j'étais sur l'enquête.

— Le nom correspond à un certain Lorcy.

— Le boxeur ?

— Je ne sais pas, je n'y connais rien en boxe… Son prénom c'est Pierre.

— C'est lui, Pierre, dit « Bibi » a disputé le titre européen, son frère Julien, « Bobo », toujours sur les rings, est champion d'Europe. C'est une famille de manouches.

— Vous vous y connaissez en boxe, Jean-Pierre !

Il sourit.

— Un peu…

Je fais monter le dossier des archives.

Les faits datent de 1994. Le dossier Moysset a été classé, un non-lieu délivré par un juge d'instruction de Pontoise. Nous informons donc le parquet de ce rebondissement. L'enquête est rouverte, un nouveau magistrat désigné pour l'instruire. Je me plonge, des années après, dans cette énigme dont tout le monde pensait, au départ, qu'elle serait élucidée rapidement.

*

Nous sommes le 3 juin 1994. Vers 8 h 45, une infirmière du centre municipal de santé de Bezons découvre dans leur pavillon les corps de Clémentine Moysset, 90 ans, dans la salle à manger, et de son époux Gaston, 88 ans, dans le salon. Lui a le visage ensanglanté, mais est conscient. La maison se trouve dans un désordre indescriptible, les portes ont été arrachées – à l'exception de celle de l'entrée qui n'a pas été fracturée –, il y a du sang partout, des tessons de bouteilles.

Mes collègues apprennent rapidement que Mme Moysset souffre d'une grave maladie. Les premières constatations, sur place, montrent que son mari a été frappé avec une plaque de marbre, retrouvée sur les lieux en plusieurs morceaux. Il est transporté dans un état critique à l'hôpital, tout comme son épouse.

Les victimes étaient revêtues de leurs habits de jour, laissant supposer que l'agression est survenue la veille. Le plus proche voisin n'a entendu aucun bruit.

*

Les Moysset vivent seuls à cette adresse depuis de nombreuses années. Lui est connu dans le quartier comme un homme discret et méfiant, n'ouvrant à personne. Ancien FFI et résistant, il assure, malgré son âge, les tâches ménagères et assiste son épouse qui, depuis dix ans, n'est plus en possession de toutes ses facultés mentales. Depuis trois ans, il est aidé par du personnel soignant du centre municipal.

Pas de trace d'effraction, les clés du pavillon sont sur la porte, l'enquête de voisinage n'apporte aucun élément. Le dernier à avoir vu le couple est, la veille, leur petit-fils Richard. La voisine a remarqué que le portillon de leur jardin était ouvert la veille des faits à 23 h 05. Vers 23 h 30, elle le referme, et remarque de la lumière dans l'une des pièces du pavillon des Moysset. Cela l'intrigue, mais sans plus.

On retrouve sur les lieux des billets de banque épars à même le sol, un pistolet automatique de calibre .6,35 dans sa boîte, un écrin avec deux bagues, une pochette contenant 32 500 francs (4 500 euros). Le vol ne semble pas le mobile, le crime crapuleux a du plomb dans l'aile en dépit du désordre, et des traces de violence d'une grande sauvagerie. C'est assez rare et contradictoire, il y a même des portes de meubles qui ont été arrachées.

On relève trois empreintes, la première sur un verre rempli de vin rouge, la seconde sur un plateau de table, la dernière sur un tiroir. Au premier étage, sur la cuvette des W.-C., le technicien de l'IJ, Négri, prélève une tache de sang. Les expertises génétiques n'existant pas encore, cet élément ne peut être qu'archivé, et il donne un groupe sanguin insuffisant pour une identification…

M. Moysset meurt quelques jours plus tard, le 7 juin, et l'autopsie conclut que la mort est due à un traumatisme crânien et une strangulation.

Mme Moysset décède des suites de sa maladie, sans pouvoir livrer une once de renseignement.

Le petit-fils, garde républicain à Paris, est placé en garde à vue à la suite de déclarations contradictoires sur son emploi du temps, puis mis en examen. Il bénéficie d'un non-lieu quelques mois plus tard.

Le dossier est clos.

*

Jusqu'à l'appel du FAED, cinq ans après, nous apprenant que les trois empreintes ont un propriétaire, Pierre Lorcy. C'est à une banale affaire de faux en écriture, dans laquelle ce dernier a été entendu par une brigade de gendarmerie des Yvelines en avril 1999 puis inscrit dans ce fichier, que nous devons cette piste.

« Bibi » Lorcy devient notre objectif. Né en 1967, vendeur ambulant, il est devenu boxeur professionnel à l'âge de 21 ans, poids léger et espoir de sa catégorie. Il a gagné aux points vingt fois avant d'échouer en 1990, par KO technique, aux championnats d'Europe face au Danois Jimmi Bredahl. Puis il disparaît des rings durant quelques années, contrairement à son frère « Bobo ».

En 1994, « Bibi » a tenté un retour ; il est champion de France des poids légers mais n'a plus la fibre. Il vit alors comme un marginal, ce qui nous complique la tâche quand nous nous intéressons à lui. Le père, Daniel Lorcy, a élevé ses fils comme des chiens de combat. « Bibi » vit apparemment en caravane avec sa compagne, ayant coupé les ponts avec sa famille. Il semble avoir gardé des contacts avec le milieu de la boxe.

Nous entrons dans ce monde, à certains moments douteux, où les champions finissent parfois mal. Nous devenons des lecteurs scrupuleux des publications spécialisées, assidus aux salles de rings, à l'affût du plus petit renseignement. Le 1er juin 1999, nous apprenons que Julien « Bobo » boxe pour les championnats du monde des « légers » à Levallois-Perret, près de

Paris. Nous y allons. Mais pas de trace de « Bibi ». Vainqueur sous nos yeux de profane, « Bobo » remet son titre en jeu à Cannes le 7 août ; avec l'aide de nos collègues de la PJ de Nice (on y revient), nous nous déployons en toute discrétion, dans la salle d'entraînement au Canet, puis, le soir, au casino où a lieu le match. Toujours rien.

*

Le 10 août, la chance nous sourit enfin grâce à un appel anonyme. Un « bon citoyen », apparemment au courant de notre intérêt pour « Bibi », nous donne un numéro de téléphone portable.

Comment l'expliquer ? Bien sûr notre enquête a été menée avec le maximum de précautions, mais il nous a fallu nouer des contacts dans le milieu des boxeurs. Très vite, la rumeur a fusé : la police cherche « Bibi ». Il arrive, dans notre métier, que les langues se délient pour une raison ou pour une autre, l'âme humaine étant souvent insondable. Lorsque nous étions à Cannes, Jean-Pierre Estève, connaisseur du « noble art », avait su se fondre dans le décor, assis dans les premiers rangs, au milieu du clan Lorcy – car c'était un véritable clan, fermé et méfiant. En profitant, avec son accent chantant de Perpignan, il a posé quelques questions anodines sur Pierre à un couple assis à ses côtés. Il avait toutefois été « détronché », nous le saurons plus tard.

Le portable est mis sur écoutes – une première à Cergy, cette pratique étant alors embryonnaire. Il nous arrivera d'ailleurs de perdre la communication. Le 1er septembre, dans le local où sont installées nos « grandes oreilles », règne une certaine effervescence autour du magnétophone. Je suis tendu, regarde mon adjoint, Emmanuelle Grégoire :

— Ben dis-moi, ça bouge ?

— Il y a une femme qui parle d'un rendez-vous avec un homme ; on n'est pas sûr que ce soit « Bibi » mais quand même…

— Et ?

— Elle est déjà apparue dans nos écoutes.

— Mais c'est qui cette femme ?

— Elle habite Paris, rue de Montyon.

— Quel rapport avec Lorcy ?

— On ne sait pas. Il est question de bijoux. C'est loin d'être clair…

J'écoute la bande. Conversation hachée. Mais il y a bien un rendez-vous fixé dans l'après-midi. Pas de temps à perdre.

— On y va. Au pire, on fera un flag (flagrant délit).

*

Nous rassemblons tout le monde, en vitesse. Trop vite, puisque nous oublions l'un des enquêteurs le plus investi dans l'affaire, Stéphane Brunoni, aujourd'hui commissaire. Je suis dans ma voiture, nous arrivons sur le quartier, la radio crépite, en « inter », autrement dit déconnectée du trafic général. Je me poste à l'angle de la rue de Montyon et nous simulons une crevaison. Capot ouvert, cric et roue de secours, il faut passer inaperçu. Ma collègue, écouteur à l'oreille, m'annonce :

— Il y a deux gars qui sortent de l'immeuble.

— Oui, je les vois, c'est lui ?

— Ça correspond ; merde, ils entrent dans un bar !

Il faut resserrer le dispositif. J'envoie du monde dans le bar. Ils ne voient rien. Stress. Ah si, il y a des toilettes au sous-sol. Les deux y sont. Puis consomment au comptoir.

— C'est « Bibi »...

— Sûrs ? Vous pouvez répéter ?

— Sûrs à 100 %, l'autre, on ne sait pas...

Pas le temps de réfléchir. Nous sommes de plus en plus près, j'arrive sur le trottoir du café. Ils sortent, viennent directement vers moi, je me dissimule derrière un fourgon de primeurs. Je reconnais à mon tour « Bibi », mais pas le second, plus âgé et râblé. Il faut interpeller.

Je fais un petit signe de tête à mes gars. Je me retrouve face à Lorcy et le percute. Comme au rugby, ou ce qui me reste de ce sport. Je sais qu'en procédant de la sorte, on crée un effet de surprise sur son adversaire même s'il est plus costaud. Nous tombons donc tous deux sur la chaussée.

Le boxeur, à défaut d'être sonné, est pris par surprise, menotté par d'autres policiers venus me prêter main-forte. Palpé. Nous trouvons dans l'une de ses poches un petit pochon contenant des pierres précieuses. Une équipe file à l'adresse d'où sont venus les deux hommes.

Je peux dire que j'ai mis un boxeur professionnel à terre !

La femme des écoutes est une courtière en bijoux. Connaissance de la famille Lorcy, elle affirme avoir été sollicitée par Pierre pour évaluer un lot de diamants.

— Mais je ne sais pas d'où viennent ces pierres, je vous l'assure !

Nous, on sait, d'une agression sur un parking de supermarché.

« Bibi » est placé en garde à vue, n'imaginant pas une seconde que nous sommes là pour l'affaire Moysset.

*

Le premier interrogatoire a lieu le soir, sur son état civil. Il faut commencer par le mettre en confiance. C'est tout un art, une subtilité, une espèce de jeu du chat et de la souris. Pierre Lorcy, courtois, est un peu inquiet.

— Vous m'interrogez sur quoi ? Les bijoux ?

On noie le poisson. Jean-Pierre Estève, le Méridional des rings, créée l'indispensable lien de confiance.

Le lendemain matin, à 7 h 30, nous décidons, avec Estève, de reprendre l'audition et d'entrer dans le vif du sujet, en évoquant par touches l'affaire Moysset, car nous savons que « Bibi » a habité près de chez eux.

Nous parlons de la pluie et du beau temps, des voisins, des commerçants, du quartier. De sa carrière.

— Pourquoi tu as arrêté la boxe ? Tu étais plutôt bon.

Et de Gaston Moysset.

Et de son emploi du temps ce soir-là.

— Tu sais, on a tes empreintes, on sait que tu étais chez les Moysset !

— OK, j'y suis allé, et alors ?

— Tu faisais quoi chez lui ?

— Je me suis présenté pour lui vendre des tapis, c'est tout.

— C'est tout ? Et après que s'est-il passé ?

— Rien, je l'ai trouvé très paniqué. Il m'a dit qu'il venait d'être victime d'un cambriolage. Il voulait absolument que je rentre pour constater les dégâts. Je suis monté à l'étage, où il y avait beaucoup de choses par terre. J'ai vu une vieille femme dans un fauteuil, puis le vieux s'est excité, et a voulu s'en prendre à moi. Je l'ai repoussé, je suis parti en dévalant les escaliers. Le vieux s'est lancé à ma poursuite, il est tombé, il y a eu une bagarre et je me suis enfui.

C'est la première version. Il y en aura une seconde devant le juge d'instruction :

— Il y avait un autre gars dans le pavillon ; moi, les vieux, parole de manouche, j'y toucherai jamais…

*

Lors du procès, son avocat, Jean-Yves Liénard, dira que Lorcy sait peut-être qui a tué, mais, parole de gens du voyage toujours, ne parlera pas. Question d'honneur.

Les empreintes sur place sont bien évidemment les siennes, le sang également.

Mais impossible, le temps de la garde à vue et encore moins après, de trouver le début d'un embryon de mobile.

Le 20 juin 2001, Pierre Lorcy a été condamné par la cour d'assises du Val-d'Oise à dix ans de réclusion criminelle. Il est sorti de prison cinq ans après.

C'est la seule fois de ma vie où j'ai mis KO un boxeur.

*

Cette affaire va ressurgir dans ma vie… Au 36 ! En septembre 2012, les journées du Patrimoine se tiennent partout en France. À Paris, exceptionnellement, centenaire de la crim' oblige, la cour du 36 et une partie du mythique escalier sont ouverts au public. Dix mille personnes se pressent en deux jours pour visiter la Quai des Orfèvres, la maison de Maigret. Je discute avec un couple, dans l'escalier, je leur explique que je suis un ancien flic de la crim'. La femme me dit :

— J'ai été touché par un drame dans notre famille, mon grand-père a été assassiné chez lui dans le Val d'Oise, il s'appelait Gaston Moysset.

Je suis stupéfait de ce hasard. Puis franchement touché quand elle ajoute :

— Vous savez, monsieur, ce qui nous fait le plus mal, c'est de « le » croiser dans le village…

26

Le deux-huit-sept

Jean-Luc Lahaye : Papa chanteur et les camés

Je range mon habit de flic de PJ en 2001. Ayant choisi la Sûreté départementale, le 9-3, je me rapproche de cette police dite « de proximité » qui m'avait séduit lors de mon stage de commissaire. Je vais y vivre des moments extraordinaires, y connaître des histoires pas banales aussi.

*

Celle-ci commence à l'automne 2002. À l'issue d'une réunion, le procureur de la République Jean-Paul Simonot me tire par le bras :

— Il faut que je vous parle, j'aimerais que vous vous occupiez d'un dossier assez délicat.

— Je vous écoute.

— Je vais vous confier une enquête préliminaire, sur une discothèque. Le *287*, vous connaissez ?

— Moi vous savez, les boîtes de nuit… Ce n'est pas l'endroit où Chirac a parlé avec des jeunes du RPR de politique et d'Internet ?

— Exactement ! Bref, son gérant, Dominique Jouan, a fait l'objet de contrôles des services de la main-d'œuvre cet été. Les gens du *287* ont fait de l'obstruction.

Le *287* (prononcé deux, huit, sept pour être branché) est à l'époque la boîte où il faut être. Située dans l'un des vieux bâtiments en briques rouges des anciens entrepôts des Magasins généraux de Paris, porte d'Aubervilliers, elle attire les jeunes, quelques people, notamment pour les *afters*, ces « après-discothèques » qui se prolongent parfois jusqu'à midi le week-end. L'un des associés du lieu se nomme Jean-Luc Lahaye : il a connu son heure de gloire dans les années quatre-vingt avec un tube *Papa chanteur* et sa propre émission de télé *Lahaye d'honneur.*

Revenu à mon bureau de Bobigny, je parle de la mission que vient de me confier le procureur à mon directeur, Lucien Perret :

— Bernard, fais gaffe à Dominique Jouan, il connaît du monde !

Quelle meilleure source de renseignement que le commissariat local ? Je téléphone au commissaire d'Aubervilliers.

— Le *287* ? J'ai de bons rapports avec eux, mais ce n'est pas très net ; il y a eu des histoires, des clients qui se sont plaints d'avoir été agressés par la sécurité. Mais quant à savoir qui a tort… tu sais ce que c'est !

— Tu peux me sortir tout ce que tu as ? J'arrive.

J'épluche le « dossier » *287*, assez mince en fait : aucun télégramme de police faisant état de plaintes par exemple. Des « on-dit », sans plus. Bizarre.

En approfondissant, je trouve une dizaine d'affaires qui n'ont pas été traitées, des violences commises par les services de sécurité de la boîte de nuit. Traitement de faveur, piston ? Surcharge de travail dans un département où il y a d'autres chats à fouetter ? Les enquêtes semblent avoir été un peu bloquées. Avec un tel passif, n'importe quelle discothèque aurait au moins écopé d'une fermeture… Le *287* a l'air de jouir d'une certaine impunité.

À peine mon enquête démarre-t-elle que le dossier s'alourdit. L'international de Rugby Pieter de Villiers est reconnu positif à la cocaïne, il affirme que cela s'est passé « à l'insu de son plein gré », lors d'une troisième mi-temps au *287*. Un client se présente au commissariat, il a terminé sa soirée dans un coffre de voiture, sur le parking, jeté dedans par les vigiles ! Les journaux relaient les deux affaires, ça sent le roussi.

C'est alors que se produit une étrange intervention. Un haut fonctionnaire de police, contrôleur général, grade supérieur à celui de commissaire, téléphone à mon directeur.

— J'interviens à la demande d'un ami. Je pense qu'il faudrait rencontrer M. Lahaye. Il est tout prêt à collaborer avec nos services. Il est très conscient des problèmes autour de son établissement et veut montrer sa bonne foi.

Une telle intervention, à ce niveau-là, est assez rare. Effectivement, les gens du *287* ont des relations.

*

J'assiste à la rencontre police-*287*, dans le bureau du commissaire d'Aubervilliers. Jean-Luc Lahaye et Dominique Jouan nous font face : ils sont venus calmer le jeu, Lahaye fait du charme, Jouan est tendu, nerveux, limite agressif. Tout se passe bien, en douceur ; en fait, je dois cacher mon jeu, faire qu'ils ressortent rassurés, qu'ils ne soupçonnent pas que nous sommes « dans leurs reins ». Car j'ai un nouvel atout. Nous surveillons depuis quelque temps un certain Erwan, commerçant en ecstasy et cocaïne. Il est sur écoute et se montre bavard :

« *Salut ça va ?*

— *Ouais et toi ? Ça marche le bizness ?*

— *Impec' ! Je sais pas si c'est à cause de Noël, mais j'ai fait un carton au* 287 *!*

— *Lourd ?*

— *8 000 !* »

Ce coup-ci, on peut foncer ! Nous possédons un dossier solide. Mais je suis prudent, des rumeurs parlent de policiers qui viendraient travailler au black comme vigiles pour la boîte.

Je demande au parquet et au juge d'instruction une intervention dans les meilleurs délais chez M. Lahaye, « Papa chanteur ».

Le 30 mars 2003 au petit matin, un véritable convoi prend la route de la discothèque depuis Bobigny. Deux substituts du procureur, « ma » sûreté départementale, les CRS, les brigades anticriminalité (BAC), les services fiscaux, l'URSSAF, l'inspection du travail, les douanes... sans oublier la brigade canine. Aux présumés grands maux, les vrais grands remèdes.

C'est un long cortège précédé de motards qui roule sur l'autoroute A3 quasi déserte. La zone où se trouve notre objectif fait penser à un décor de cinéma : de grands bâtiments en briques rouges de la fin du XIXe siècle, réhabilités en sièges de société (Afflelou, *France-Soir*), en studios de télévision. À 7 heures du matin, cela a un petit air de ville fantôme aux portes de Paris.

On se déploie le plus discrètement possible. J'ai envoyé des « couples » de policiers au *287*, camouflés en bringueurs. Les CRS entourent la boîte, très calmement, c'est une grosse opération.

Avec les deux magistrats et trois autres policiers, j'avance vers l'entrée, les videurs n'ont rien vu pour l'instant. Un de ces molosses regarde notre petit groupe, mais ne bouge pas. Le guichet d'entrée donne sur l'extérieur, je me penche, montre ma carte à la caissière :

— Police ! Je voudrais parler au responsable !

— Je vais l'appeler.

Elle prend son temps, ou plutôt en gagne, les coups de téléphones s'enchaînent.

— Je le cherche, une minute.

— Non, ça suffit, on entre.

Les issues de secours – nombreuses mais verrouillées avec chaînes et cadenas (bravo pour la sécurité) – sont neutralisées, comme les accès aux parkings. La boîte est désormais sous le contrôle de deux cents policiers.

J'ordonne à tous d'intervenir selon un scénario préparé à l'avance avec mon adjoint Gilles Laborie et Guillaume Cardy. Le commissaire d'Aubervilliers se transforme en « disc jockey » : Son travail est de se rendre dans la cabine du vrai DJ, de stopper la musique, rallumer la salle et prendre le micro :

— Mesdames, messieurs, il s'agit d'un contrôle de police visant en premier lieu l'établissement. Vous n'êtes pas concernés, nous vous demandons de vous diriger calmement vers la sortie.

*

La surprise est totale, bien sûr. Mille cinq cents danseurs et buveurs se mettent à huer, à siffler.

Verres et bouteilles volent, j'empoigne ma radio :

— Intervention !

Les CRS se déploient dans la salle, rien de plus, leur seule présence calme tout le monde.

Plusieurs messages au micro rassurent la foule, hétéroclite ; jeunes, moins jeunes, travestis, drag-queen, se dirigent vers le vestiaire. À vrai dire, je n'avais pas prévu cette étape qui va retarder l'évacuation, durer une heure et demie. Les contrôler tous aurait risqué de déclencher des incidents, la soirée a été visiblement arrosée, voire plus, certains planent encore !

Aucun incident.

Pendant ce temps, nous filons au premier étage, dans le bureau du patron. Jouan est là, il semble très affairé, au milieu d'écrans vidéo qui lui ont permis de suivre nos pérégrinations. Il a trouvé plus urgent à faire que nous accueillir, son broyeur à papier est encore tout chaud.

Perquisition.

Les employés sont rassemblés ; enfin, ceux qui sont restés, certains ayant profité du départ des clients pour fuir.

Des débris de verre jonchent le sol et interdisent aux chiens « stups » de travailler.

*

Pas de présence de drogue. Mais, dans le bureau de Jouan, un chargeur d'arme automatique .9 mm approvisionné de dix-neuf cartouches ainsi que trois barillets.

— Nous les avons trouvés dans la salle !

Et 43 700 euros répartis un peu partout, dans un coffre ou des enveloppes dissimulées. Les billets et la machine destinée à les compter sont examinés par deux experts toxicologues qui relèvent la présence de cocaïne et d'amphétamines, comme dans la plupart des coupures en circulation. L'opération touche à sa fin :

— Bon, le gérant et le personnel sont en garde à vue ; on a appelé Lahaye ?

— Oui, il a dit qu'il viendrait en fin d'après-midi.

*

Une procédure en flagrant délit pour « travail dissimulé » et « gestion d'une entreprise commerciale malgré interdiction » est ouverte.

Les auditions se succèdent. Priorité est d'entendre le personnel afin d'établir des infractions au code du travail, qui s'avèrent nombreuses. L'ambiance à Bobigny est assez surréaliste, j'ai plus de cinquante personnes en garde à vue, parfois endormies, amassées dans les couloirs de nos bungalows.

Le cas des « gorilles » du *287* est le plus édifiant : les accusations de violences et de racket se sont accumulées, venant de certains dealers. On se rend vite compte que la discothèque marche à la came.

*

Arrive « Papa chanteur » en fin de journée.

Le parquet me demande de le placer en garde à vue.

— Non, ce n'est pas la peine, il n'est pas gérant en titre, juste titulaire de la licence IV (pour les boissons alcoolisées). Une simple audition suffit…

Son interrogatoire se déroule sans encombre, je lui détaille les charges pesant sur sa boîte et le personnel.

— Mais je ne savais pas, je n'y suis pour rien.

Je ne suis pas très convaincu par ses protestations d'innocence… Il était présent quasiment chaque soir au *287*, il y possède son bureau…

La discothèque est mise sous scellés tandis que les auditions des nombreux suspects permettent de décanter les choses. Plusieurs agents de sécurité sont reconnus par des victimes de violences. Le système est bien rodé : une quinzaine de dealers travaillent depuis de nombreux mois, en toute impunité. Les « videurs » semblent impliqués dans les trafics, prenant un droit de péage et laissant faire. Certains ont bousculé des dealers « non autorisés » assez violemment : fouille et coups, puis récupéré la came pour la revendre. Cinq agents sont présentés à la justice en même temps que Jouan. Les dealers, par peur de représailles, ont refusé de déposer plainte contre eux.

Quelques jours plus tard, Jean-Luc Lahaye souhaite avoir accès aux bureaux du *287*. La justice me donne son accord pour lever une partie des scellés. Il est relax, joue son rôle de star, signe des autographes aux policiers, leur en donne même un à mon attention… avec cette dédicace : *Sans rancune.*

*

La sanction tombe : six mois de fermeture administrative pour le *287*, pour trouble à l'ordre public. L'établissement réagit alors. Il actionne ses réseaux, déclenche une véritable campagne de presse contre moi. Pour eux, c'est un complot ! Ben voyons !

Dans une interview au magazine *Zurban*, de la semaine du 21 au 27 mai 2003, Dominique Jouan, le gérant du *287*, déclare que le commissaire « Pascolini » (sic) et un journaliste du *Parisien* seraient de mèche avec le propriétaire d'une grosse boîte parisienne qui fait tout pour récupérer le *287* depuis deux ans…

Quelques semaines plus tard, je suis dans ma voiture, j'écoute la radio, *Les Grandes Gueules* sur RMC. Lahaye y bénéficie d'un micro complaisant :

— En fait, dans cette histoire, le dossier est vide, c'est une manœuvre orchestrée par un flic complètement hystérique !

Là, il va un peu trop loin l'ex-vedette ! Le « flic hystérique » déposera une plainte contre Jouan et Lahaye. La justice prendra son temps, mais le 18 octobre 2005, la 17e chambre correctionnelle de Paris reconnait Jean-Luc Lahaye coupable de diffamation et le condamne à 1 000 euros d'amende et à 1 500 euros de dommages et intérêts. Le 13 janvier 2006, ce sera au tour de Dominique Jouan de comparaître devant la 17e chambre, qui le reconnait coupable de diffamation publique envers un fonctionnaire et le condamne à une amende de 500 euros et 5 000 euros de dommages et intérêts.

Sans rancune.

27
Chez Nanard

J'ai décidé d'aller boire un verre. Pas n'importe où, *Chez Nanard* ! Un petit bar, à Drancy, étrange endroit, en plein milieu d'une zone de petits pavillons de banlieue, seul commerce au centre de ces petites maisons... J'entre, avec mon adjoint Gilles Laborie.

— Messieurs.

— Bonjour, deux cafés s'il vous plaît.

La salle est vide ; seul, derrière le comptoir, s'affaire Nanard, une soixantaine d'années, d'allure affable, un petit gros dégarni.

Je pense le voir pour la première fois de ma vie, mais je commets une erreur, j'ai manqué de flair – une fois n'est pas coutume –, enfin de mémoire plutôt. J'aurais dû me méfier. En repartant, nous apercevons une ombre qui nous observe derrière le rideau, Nanard va peut-être mal dormir ce soir !

*

Pourquoi je m'intéresse à lui ?

Vous l'aurez compris, je ne suis pas venu prendre un café avec mon adjoint, au fin fond de Drancy, pour l'ambiance et les beaux yeux du patron. La première fois où j'ai entendu parler de « Nanard », c'est par un indic, dans le Val-d'Oise, juste avant ma mutation en Seine-Saint-Denis :

— Vous allez dans le 9-3 ? Il y a un cafetier à Drancy, qui vous a tous les documents administratifs possibles. Il se vante de faire sauter n'importe quel PV. Il dit même que les flics lui mangent dans la main, qu'il a plein de copains à la préfecture pour des petits services.

— Tiens donc ! Et il a un nom ton patron de bistrot ?

— Tout le monde l'appelle Nanard.

Je connais ce genre de bonhommes, ils font partie de la catégorie des amis encombrants. D'abord sympathiques, refusant de faire payer l'addition, prêts à tout pour rendre service et demandant en échange la pareille juste pour dépanner, sans malice, à la bonne franquette, du style « revenez quand vous voulez, vous prendrez bien un digestif, la note est pour moi ».

« Nanard » est donc de ceux-là. De ceux dont il faut se méfier et qui, de menus services en combines, vous transforment en complice et peuvent vous mener droit, vous le garant de la loi et de l'ordre public, sur les bancs d'un tribunal.

Ce n'était pas tombé dans l'oreille d'un sourd. Nommé dans le *93*, mes marques à peine prises, je décide de m'intéresser à ce mystérieux énergumène, de son vrai nom Joseph Cozzucoli.

*

Les semaines passent, cette affaire n'est pas mon unique priorité ; mais, durant les permanences de nuit, je fais des passages devant le bistrot.

Je me renseigne, on me prévient :

— Nanard ? Il est intouchable… Oh et puis ce n'est pas bien méchant !

Une rumeur fait de lui un frangin trois points, un franc-maçon, membre de la même loge qu'un magistrat de Bobigny.

Je continue mes rondes nocturnes, ma « mission Nanard » non officielle ! Je remarque à plusieurs reprises Nanard sur le trottoir, en grande discussion avec des inconnus. J'ai l'impression d'avoir été détronché.

Je décide de vérifier cette intuition, en téléphonant au service chargé de gérer les fichiers informatiques au ministère de l'Intérieur :

— Bonjour, c'est la SD de Cergy. Vous pouvez vérifier si la plaque de mon véhicule ou de celui de mon adjoint ont fait l'objet d'une recherche ?

— Bien sûr. Les numéros s'il vous plaît ?

Je donne les deux numéros d'immatriculation, la réponse ne se fait pas attendre.

— Oui, par trois fois !

— Qui a demandé cette vérification ?

On me donne trois noms, trois policiers. Je tique sur l'un d'entre eux : il est en poste dans mon propre service !

Stupéfaction.

Colère.

L'affaire prend alors une autre dimension. D'autant plus que, dans un cas de violences domestiques, un commissariat nous adresse un dossier : une femme dénonce le compagnon de sa mère, affirme qu'il a des faux papiers… obligeamment fournis par un cafetier de Drancy.

TILT !

Une information judiciaire est ouverte, par le juge Roger Le Loire, un orfèvre.

*

Complétement par hasard, j'apprends que la célèbre brigade de répression du banditisme du 36, quai des Orfèvres a découvert quelques années plus tôt dans une enquête sur des machines à sous une tripotée de faux documents : permis de conduire, cartes de séjour, cachets administratifs dans le bar de « mon » Nanard.

RE- TILT !

Le chef du groupe de la BRB me raconte l'histoire :

— En fait, ton bonhomme a été totalement blanchi par le juge. On a eu un gros clash avec le magistrat. Du coup on a laissé tomber !

Dans un sourire, le BRBiste me lance :

— Si tu le fais tomber, bravo !

Je récupère aussi ce dossier, le joins à notre procédure. Je mets *Chez Nanard* sous surveillance : sur ce coup, je ne m'entoure que d'hommes de confiance :

— Les gars, silence total sur cette affaire, OK ?

Un lundi, nous décidons de sauter sur le bar comme des moineaux sur des miettes de pain. Surprise : Joseph est absent, prévenu la veille du jour J par une « bonne âme ».

Il est au vert. Mais deux jours plus tard, après moult tractations avec son avocat, il se constitue prisonnier. Sa garde à vue va me réserver une petite surprise. Je ne l'avais pas reconnu, mais lui oui : à mon premier passage chez lui, il a percuté sur l'ancien patron des stups du 93, moi ! En fait, il était un familier des pots de la PJ 93 ! Pour en avoir le cœur net, il a fait identifier mon véhicule.

Les voyous aussi ont de la mémoire.

— On a trouvé des dossiers bidons de cartes de séjour dans ton bureau, lui dis-je.

— Monsieur le commissaire, c'est un malentendu, je fais juste office de conseiller juridique pour les gens. Renseignez-vous, on vous dira que « Nanard » est un gars bien…

Si bien introduit que c'est lui qui organise les pots de départ de certains commissaires du département !

*

Décembre 2006 : l'intouchable Nanard, avec six policiers, deux employés de préfecture, un responsable d'un centre de contrôle technique, un avocat, des clients du café, comparaît devant le tribunal correctionnel.

Il est accusé de contrefaçons, corruption active, recel, détentions d'appareils de jeux interdits, escroqueries. La fréquentation du bistrot de Drancy était tout bénef : on y obtenait le permis de conduire sans passer l'examen, les points perdus étaient vite rattrapés, les permis annulés re-validés. Des titres de séjour étaient délivrés dans l'arrière-salle. Une vraie annexe de la préfecture ! Les amendes finissaient dans le broyeur du commissariat local, et les véhicules « fatigués » franchissaient l'épreuve du contrôle technique sans problème.

Le patron du bar à la morale élastique, principal corrupteur, grand ami de la police qui y avait parfois table ouverte, prendra trois ans de prison ferme ; les autres du sursis. Le bistrot fermera pour trois ans par mesure administrative.

*

Je croise peu de temps après le juge Le Loire :

— Bonjour monsieur le juge.

— Bonjour. Dites donc, qu'est-ce que vous lui avez fait à Nanard ?

— Mais rien…

— Il a une trouille bleue de vous, l'autre jour vous avez failli vous croiser dans les couloirs du tribunal, il était paniqué ; il s'est dissimulé derrière une colonne.

Mais l'histoire ne s'arrête pas là.

Vu son âge et ses problèmes de santé, on pouvait raisonnablement penser que ce « commerçant » allait couler une retraite paisible, sa peine purgée. Ou se remettre à des études d'interprète, sa première vocation avant de devenir « Monsieur Bons-Offices ».

Il replongera courant 2009. Pour le même business, mais dans le Val-d'Oise cette fois, entraînant encore dans sa chute des policiers… dont un de ceux qui avait déjà comparu avec lui en correctionnelle.

Il faut bien choisir ses amis.

Loin des émeutes, des casseurs en tout genre, cette affaire fut un peu une parenthèse, une anecdote, de ma vie de commissaire en Seine-Saint-Denis.

J'ai la satisfaction d'avoir été le tombeur de Nanard.

28

Le scooter de Sarko junior

Une autre parenthèse fut une pseudo « affaire d'État ». C'est surtout la presse qui s'est emparée de cette historiette. Vous vous rappelez du vol du scooter de Jean Sarkozy ? Les titres des journaux ? « Les grands moyens déployés pour le scooter du fils de Sarkozy » ; « L'ADN pour retrouver les voleurs de scooter »... Jusqu'au « deux poids deux mesures » dénoncé par François Bayrou qui promet qu'une fois élu (on est en pleine campagne présidentielle), il fera en sorte « que les règles qui s'imposent aux uns s'imposent aux autres ».

Eh bien le flic qui a demandé ces analyses ? C'est moi !

*

Ce jour de janvier 2007 aurait dû être un jour comme les autres. Et débute comme un jour pareil aux autres. Je suis dans mon bureau de commissaire, avec ma cravate de commissaire, je fais mon travail de commissaire, sous la photo du chef de l'État, Jacques Chirac. Je lis la synthèse des affaires de la nuit.

Je tique sur l'une d'elles, la découverte d'un scooter volé dans une résidence de Bobigny ; un événement plutôt anodin, qui n'a en principe pas lieu de figurer dans le lot quotidien des crimes et délits *made in 93*.

Je comprends vite la raison de cette exception : le deux-roues n'appartient pas à n'importe qui ; son propriétaire est un certain Jean Sarkozy, fils de notre ministre de l'Intérieur, candidat à la présidence de la République. Il a été volé devant son domicile quelques jours plus tôt à Neuilly-sur-Seine.

C'est un policier qui le retrouve, par hasard. Il entre dans le local à vélos de son immeuble, à Bobigny, et voit un scooter qu'il ne connaît pas. Intrigué, il demande une recherche au fichier ; la réponse le fait sursauter : véhicule volé, propriétaire Sarkozy, Jean ! Il ouvre le parapluie, prévient aussitôt ses chefs.

Contrairement à ce qui a été dit, ce n'est pas le branle-bas de combat du haut en bas de la hiérarchie policière. La République n'est tout de même pas en danger !

Des gardiens de la paix vont sur les lieux, ne doivent rien toucher et attendre les instructions. – L'enquête est confiée dans un premier temps au commissariat de Bobigny mais, à la lecture des informations consignées dans la synthèse, je demande à en être saisi : pas besoin d'être grand clerc pour pressentir que l'incident peut vite devenir une Affaire.

Avec un grand A.

*

On a deux suspects, deux jeunes du coin, vus paradant sur le scooter, par un témoin. Mon dilemme est simple : si je ne fais rien, on va me le reprocher, si j'en fais trop, on va me le reprocher. Je choisis d'agir comme lorsque j'étais à la crim', quand une enquête impliquait une personnalité : un dossier carré, ficelé, pour éviter toute contestation. En soi, l'enquête ne présente aucune difficulté hormis celle de la « bétonner ».

L'Identité judiciaire révèle deux empreintes papillaires. Je confie les deux scellés au laboratoire de la police scientifique afin de faire les recherches ADN.

Je prends bien soin de ne pas avoir recours au laboratoire privé avec lequel nous travaillons habituellement depuis près d'un an : cette expertise, contrairement à ce qui a pu se dire ou s'écrire, n'a donc rien coûté au ministère de la Justice.

Les deux mineurs sont bien les auteurs du vol, ils sont présentés au parquet de Bobigny, mis en examen et… remis en liberté.

Beaucoup de bruit pour rien. J'en suis désolé pour les tenants d'un complot, les fantasmeurs de tous acabits : aucun de mes supérieurs ne m'a

« mis la pression », je n'ai reçu aucun coup de fil d'un ministre ni de qui que ce soit.

Finalement, « l'Affaire » est plus drôle qu'autre chose !

Ce n'est pas souvent le cas, dans le 9-3.

29

Le 9-3, triste royaume

En prenant la tête de la Sûreté départementale, qui plus est dans le 93, je sens bien que la BRB, la crim', l'antigang, toutes les grandes brigades de PJ, ne répondent pas aux attentes de la population. Ce n'est pas leur rôle, d'ailleurs. La PJ traque le gros gibier, pas la délinquance journalière, usuelle. Seule une police à l'écoute du quotidien en a la capacité. À condition d'en avoir les moyens. Et je découvre que la sécurité publique, en charge de cette police, est le parent pauvre de l'institution.

J'ai obtenu les moyens de mes ambitions. Cent fonctionnaires à mon arrivée, plus de cent soixante à mon départ, des hommes et des femmes avec lesquels je n'ai eu quasiment aucun problème. Et j'ai alors vécu l'une des plus belles périodes de mon existence professionnelle. Presque une lune de miel. Durant ces cinq années, j'ai connu trois directeurs départementaux, sans frictions, qui m'ont accordé des moyens, un fait assez rare pour être signalé.

Et il y a eu du pain sur la planche dans ce 93 tant décrié.

La SD – on n'a rien inventé –, se compose des groupes « mineurs » et « stupéfiants », et des brigades de sûreté dispersées sur les quatre districts du département. Leur mission est de traiter en priorité tout ce qui relève des violences urbaines mais également des affaires de séquestration, de vols à main armée ou à la portière. Ses policiers sont des généralistes, alimentés par deux circuits. Les indicateurs et les plaintes prises dans les commissariats. En gros, la SD prend toutes les affaires qui demandent un investissement sur le long terme, celles que le commissariat local ne peut traiter.

Mon credo était de ne rien laisser passer, et de se saisir rapidement de faits anodins, au départ, mais susceptibles de prendre de l'ampleur. Mon expérience m'aide à « flairer » ceux qui peuvent se retrouver sous le feu des médias, tel un banal scooter dérobé… mais au fils du futur président de la République.

Tous les matins, nous recevons une synthèse des événements, petits ou grands, des dernières vingt-quatre heures, j'y fais mon « marché », optant pour telle affaire, délaissant l'autre. Au magistrat, le dernier mot, à lui de nous suivre ou pas, il a le choix du service enquêteur, PJ ou nous. Pas de concurrence ou de guerre des polices, nous n'en avions pas le temps.

*

En arrivant dans le 93, je demande à mon directeur de participer aux permanences nocturnes, ce qui n'était pas le cas de la commissaire à laquelle je succédais. Cela m'a permis de connaître le département, de rencontrer les gens la nuit.

À la SD, en octobre 2005, j'ai mis en place un service d'astreinte de nuit qui n'existait pas avant. Une pour les stupéfiants, une pour les mineurs. Il a fallu du doigté, ce n'était pas dans les habitudes.

Celle des mineurs a été provoquée par un événement particulier. J'étais commissaire de nuit lorsque j'ai été appelé pour me rendre, avec mon chauffeur, un gardien de la paix, à l'hôpital Delafontaine à Saint-Denis.

Arrivé sur place, l'horreur :

— On vous a appelé parce qu'une famille est arrivée aux urgences avec un nouveau-né décédé, enfermé dans un sac-poubelle.

Trois personnes : une mère, sa fille, la jeune accouchée, et un voisin qui les avait transportées là avec sa propre voiture. La mère me raconte :

— Ma fille est allée aux toilettes, elle a accouché seule. Le bébé est mort et il y avait du sang partout.

— Pourquoi l'avoir mis dans un sac-poubelle et s'être rendu à l'hôpital ?

Elle ne répond pas, en état de choc.

Je me suis trouvé bien seul ce soir-là, n'osant pas réveiller mes troupes pour une affaire pareille, obligé en pleine nuit de mener mon enquête, seul.

Ce jour-là j'ai décidé qu'un fonctionnaire, au moins, serait affecté la nuit aux mineurs, les procédures étant très particulières, pour les placements d'urgence en foyer par exemple.

*

J'ai toujours accordé une attention toute particulière à « ma » brigade des mineurs.

À mon arrivée, le commandant qui la coiffait avait rendu un rapport à mon prédécesseur faisant part de son découragement : manque de reconnaissance. J'ai décidé de la re-dynamiser, avec des hommes et des femmes motivés, besogneux, les mains dans le cambouis et traitant de lourds dossiers relevant de cours d'assises : viols, incestes, coups et blessures à enfants entraînant parfois la mort, mauvais traitements, pédophilie. Avec le nord de la France, la Seine-Saint-Denis arrive largement en tête du palmarès.

Les « mineurs » de la SD ne sont pas très bien lotis. Quatre groupes, un par district, l'un à Bobigny, dans nos locaux ; le second à Aulnay 3 000, au cœur d'une cité sensible, avec seulement cinq fonctionnaires ; un troisième à La Courneuve, à deux pas de la barre Balzac et de la cité HLM des 4 000 logements ; le dernier au sein de l'ensemble du Bel-Air à Montreuil, là encore dans un appartement en rez-de-jardin sans aucune sécurité, à l'exception de fenêtres équipées de barreaux. Sans issue de secours.

Ma hantise est l'agression de mes gars. Cela n'a pas manqué : une nuit, une voiture-bélier a été lancée sur la porte du local des « 4 000 », légers dégâts.

On fait mieux en matière de conditions de travail, et je ne vois pas la nécessité d'être immergé au cœur de tels quartiers, même portant des noms si doux ou si illustres.

Je décide de rapatrier tout le monde à Bobigny, profitant du projet de livraison d'un futur hôtel de police censé remplacer nos « Pailleron ». Une brigade des mineurs digne de ce nom a pu enfin naître dans le 93. Elle m'a laissé de vifs souvenirs, probablement les plus forts de ma carrière. Je n'oublierai jamais les photos qui jalonnent les dossiers de mauvais traitements. Elles donnent le tournis, le dégoût, des envies de tout casser. Surtout celles avec des petits. Comment un être humain, un homme ou une femme, le père ou la mère parfois, peut-il se rendre coupable de telles ignominies ? Sur ses propres enfants ?

Une gamine de huit ans portant des traces de coups au niveau du sexe.

Une famille vivant au milieu d'excréments de chiens, de cafards ; il a fallu une noria de camions-bennes pour nettoyer les lieux.

Je repense à ces scènes en évoquant mes années « mineurs », une population si fragile qu'il faut encore plus la protéger.

Je connais le nombre de cas sociaux dans ce département, et je conçois que des failles puissent exister. Nul n'est parfait, et la tâche immense. Mais que de dysfonctionnements ai-je pu constater dans les services dédiés à l'enfance ! Pourquoi, comment des enfants victimes de tels sévices échappent-ils à la vigilance de l'Éducation nationale, des assistantes sociales, de tout un système ? Sans parler des voisins. Personne ne sait rien, personne n'a rien vu.

Rideau.

*

Comment oublier le témoignage de cette jeune femme brigadier de police qui, après des années de silence, décide un jour de se confier à sa chef de service ? Je la reçois très vite. Elle craque, sa mère est une figure, elle est honorée, dans la presse locale, à l'occasion de la journée de la Femme pour son action dans les Restaurants du Cœur. Mais ça, c'est la façade et devant l'article du journal, ma « policière » s'est effondrée. Elle me parle, raconte son enfance meurtrie par un beau-père tyrannique qui la violait, elle, sa sœur et son frère. Et la mère, qui ne disait rien, passive, complice !

Je confie l'enquête à Laurence Brichet, chef de groupe à la brigade des mineurs. Bien que les faits soient prescrits et le pervers décédé, la jeune policière est entendue par le capitaine qui se souvient encore de l'âpreté des propos.

Les deux autres victimes ont confirmé ses dires, et la mère a été entendue à son tour :

— Je me doutais bien que mon compagnon était bizarre, mais c'était mon homme, l'amour de ma vie, je n'aurais jamais supporté qu'il me quitte.

Des enfants sacrifiés sur l'autel de l'amour. Il y a eu prescription des faits, aucune poursuite contre cette femme qui doit encore vivre avec le remords chevillé au corps. Ma seule consolation a été que le silence fut rompu par les victimes. Un réel soulagement pour elles, du moins je l'espère.

*

La banlieue, c'est aussi la rumeur, les faits invérifiables, la traînée de poudre qui enflamme tout. « Les flics ont buté un jeune » : en fait, un accident de la route, un gamin sans casque qui dérape, la police qui arrive…

J'en ai vu une belle de rumeur, dans le genre qui affole les médias. C'était durant les émeutes, ces nuits profondes qui s'enflammaient, le ballet des CRS, la course contre la violence. Ce soir-là, il est 22 h 10, je suis à mon bureau. On m'appelle, me parle d'un incident survenu devant une salle de prière, à proximité d'un centre commercial.

Des fidèles auraient été incommodés par des gaz lacrymogènes, conséquence, selon des témoins, de tirs de grenades par la police durant des affrontements.

Le responsable du lieu de culte s'est présenté aux policiers avec un étui de grenade. Provocation ou manipulation, bavure de la police ?

Certains nous accusent d'avoir sciemment visé le lieu de prière.

Je pars sur place et rencontre le président de l'Association cultuelle des musulmans de Clichy-sous-Bois. Je l'emmène à mon bureau pour recueillir ses déclarations.

D'emblée, il affirme :

— Je suis prêt à œuvrer pour l'arrêt des violences, je suis profondément attaché à la France.

— Racontez-moi ce qui s'est passé.

— J'ai assuré la première prière à 20 heures, puis je suis allé chez mes parents avant de revenir à la mosquée. Tout le monde criait, pleurait. On m'a remis une cartouche de gaz. La mosquée, une ancienne supérette, était enfumée. On m'a dit, mais je ne suis pas sûr, qu'on aurait trouvé une autre cartouche.

Il reconnaît que les versions divergent et qu'il est pour le moment très difficile de faire la part des choses.

— Vous voulez déposer plainte ?

— Je préfère attendre, ne pas envenimer les choses.

Je le raccompagne à Clichy-sous-Bois, où la tension est palpable.

J'envoie une équipe dès le lendemain matin pour procéder aux constatations d'usage. La salle de prière se situe à l'arrière d'un petit complexe commercial, aucun signe distinctif extérieur ne permet d'identifier l'édifice religieux.

Entourant le président de l'association et son adjoint, une dizaine de personnes. Elles refusent de répondre à nos questions, ne veulent pas donner leurs identités.

— On ne parlera qu'à la « police des polices ».

Situation tendue, s'il en est.

Nous tentons d'engager un dialogue, peine perdue. On nous remet un deuxième étui de grenade.

— Il a été trouvé où ?

Pas de réponse !

À 11 heures, des techniciens du Laboratoire central se rendent sur place, ils ne décèlent aucune trace de brûlure à même le sol, recouvert de tapis et moquette. Mais ils constatent que des plots de grenades fumigènes de la police ont brûlé, à l'extérieur de la salle de prière. Les traces sont bien visibles.

Un fidèle ne mentionne aucun tir dans la mosquée, un autre indique que les traces de combustion relevées sur le sol extérieur n'existaient pas la veille au soir avant les affrontements.

On épluche le trafic radio de la veille. Vers 21 h 45, des policiers ont subi des attaques très violentes sur le site, ils ont dû effectivement avoir recours à des lacrymogènes. Mais ignoraient tout de la proximité d'un lieu de prière.

Les responsables de l'association ont été invités à nous adresser tout témoin… digne de foi. Nous attendons toujours, alors que l'exploitation de ces faits a fait couler beaucoup d'encre et contribué à envenimer une situation déjà bien tendue. À tel point que le ministre de l'Intérieur de l'époque, Nicolas Sarkozy, venu le lundi matin suivant soutenir les policiers en préfecture du département, a proposé de se rendre dans la mosquée pour y rencontrer la communauté, et a essuyé un refus poli de ses responsables.

Quelle ne fut pas ma surprise – et ma consternation – d'entendre peu après le président de l'association déplorer dans les médias le dédain de l'État face à cet événement !

*

Quand on dit Seine-Saint-Denis, 93, Neuf-Trois, on pense aussi drogue, trafic...

J'ai là aussi quelques histoires qui valent le détour.

30

Les rois de la came

Les nourrices

Pour moi une nourrice, c'est une dame à qui on confie ses enfants, dans la journée, pendant qu'on travaille, parce qu'il faut bien gagner l'argent du biberon, que les places en crèche s'arrachent, que nos horaires sont difficiles ! Une nounou, quoi !

En 2006, j'apprends que les trafiquants de drogue ont eux aussi recours à des nourrices. Mais ces nounous-là ne maternent pas des enfants, juste de la came.

*

Une banale enquête sociale de la brigade des mineurs du commissariat d'Aulnay-sous-Bois, c'est ainsi que ma première affaire de nourrices a commencé. Les policiers découvrent de la drogue dans l'appartement, puis assistent, médusés, à l'arrivée inopinée d'un homme chargé de barrettes conditionnées prêtes à la vente. La section des stups est appelée, le trafiquant emmené. Le chef de famille, 45 ans, explique la terrible situation :

— C'est une bande de la cité des 3 000. Ils m'ont forcé ! Ils m'ont battu ! Ils entreposent la drogue ici, et viennent la récupérer pour la vendre.

Il porte encore des traces de coups, de brûlures au chalumeau. Quelques mois auparavant, les pompiers l'avaient trouvé menotté à la rampe d'escaliers, il avait simplement dit :

— Ce n'est rien, des copains m'ont fait une mauvaise blague !

Aujourd'hui c'est, soulagé, qu'il nous a dévoilé, enfin, la vérité :

— J'ai d'abord accepté de prêter ma boîte aux lettres aux dealers qui occupent jour et nuit mon hall d'immeuble en échange de quelques barrettes de shit. Puis, de fil en aiguille, je leur ai prêté mon appartement, obligeant mon épouse et mes trois enfants à se réfugier dans la chambre. Leur stock est devenu de plus en plus important. Un jour, j'ai volé une petite quantité de shit, ils s'en sont rendu compte et j'ai dérouillé : menottages, coups de poing, brûlures sur le torse et les fesses. Je n'en peux plus.

Je venais de découvrir le système des nourrices. Les trafiquants visent une famille, un appartement insoupçonnable. Ils offrent de l'argent en échange de ce « came-sitting ». Petit à petit, le locataire est pris au piège. Malin, double avantage pour le dealer : échapper aux perquisitions policières, sécuriser leur dépôt vis-à-vis de concurrents.

Comment savoir en effet que cette mère célibataire, ce jeune couple, cette mamie tenant à peine sur ses jambes, sont dans la came, gardent chez eux de la drogue, de l'argent ou des documents ? Tout ça pour de l'argent, mais, surtout, la promesse de ne pas être inquiété dans sa vie courante ?

Difficile de pouvoir justifier légalement l'intervention au domicile de ces gens, a priori au-dessus de tous soupçons.

Je me souviens de la femme de notre torturé, avec son petit garçon, serré contre elle :

— Je vais enfin pouvoir regarder la télévision avec mes enfants, ce n'est plus le cas depuis de longs mois, cloîtrés que nous sommes dans la chambre. Merci.

Ces moments-là valent toutes les médailles et autres lettres de félicitations.

Et Laetitia, dans une autre affaire. Avec ces mots terribles de lucidité :

— J'ai accepté au début par amitié et pour l'argent, 150 ou 200 euros de temps en temps cela ne se refuse pas. Et puis, ils sont malins et savent repérer les femmes seules ou les personnes dans le besoin. Toutes les nourrices vous diront qu'en prêtant les clés de leur appartement, elles seront à l'abri d'un cambriolage ou d'une agression.

*

Je n'oublierai jamais le réquisitoire du procureur, lors du procès de la plus grosse affaire de nourrices que ma SD ait résolue. Ce 1er octobre 2008, devant la 13e chambre correctionnelle de Bobigny, Quentin Dandoy doit requérir contre une quarantaine de prévenus de trafic de drogue :

— Je ne vous demande pas de juger des kilos et des tonnes de cannabis trafiqués à partir de la Cité basse, mais de sanctionner les conséquences que représente ce trafic sur la vie des gens de ce quartier. Les prévenus se sont arrogé le pouvoir de priver leurs concitoyens de leurs droits et libertés essentiels, du père de famille qui ne supporte plus de baisser les yeux quand il croise ces garçons à la mère qui ne laisse pas descendre son enfant de 13 ans de peur qu'il soit recruté comme guetteur.

Il tonne :

— Liberté d'aller et venir, liberté d'expression, liberté économique, respect du droit de propriété… Qui sont-ils pour priver les habitants de leurs droits fondamentaux ? Le trafic s'est implanté comme un virus sur un corps affaibli, s'est nourri du mal-être social pour prendre le contrôle du quartier, imposer sa loi et ses règles au détriment des habitants et amplifié sa précarisation et sa ghettoïsation. Ce dossier est exemplaire car il a permis de mettre au jour les rouages d'un trafic au sein d'une cité, du vendeur de barrettes à celui qui tire les ficelles, de la nourrice au petit lieutenant qui porte les sacs.

*

Deux ans auparavant, nous avons fait tomber les hommes et les femmes jugés ce jour-là. Tout a commencé lorsque nous nous sommes intéressés à un appartement squatté, dans lequel un garçon de 16 ans avait été arrêté au milieu de cannabis et de documents comptables. Nous tombons sur un trafic de grande envergure, avec ses livres de comptes, ses relevés, une belle entreprise, prospère. Connue et sue de tous, mais impunie.

La faute à qui ?

Difficile à dire : les trafics et violence étaient une priorité dans les discours mais les actes, eux, avaient du mal à suivre ; la police judiciaire ne les jugeant pas assez « nobles » pour elle, les autres services – et nous les premiers –, ayant d'autres lièvres à courir.

Pourtant, je décide de mettre les bouchées doubles sur cette découverte. Le « boss » de ce réseau est un certain M. A., condamné en 2001 pour des affaires de stupéfiants, et organisant son business… depuis sa cellule à l'aide d'un téléphone portable !

Difficile à imaginer, mais bien réel.

Digne d'un polar.

Cet homme, proche du grand banditisme, gère un véritable réseau à Sevran, entre Cité-Basse et celle dite de Rougemont, des HLM en cul-de-sac, des voies piétonnes. Ici viennent s'approvisionner en shit des centaines de toxicomanes.

Son nom nous est donné par un vigile de centre commercial qui, fait inhabituel, s'est assez facilement livré à nous… mais sous le sceau du secret.

*

Des mois vont être nécessaires pour mettre à jour les rouages, décrits ce 1er octobre 2008 par le procureur de Bobigny.

À Cité-Basse, on pouvait trouver à tout moment vingt à trente kilos de « H » tout droit venu du Maroc et d'Espagne. Nous planquons, regardons des vendeurs de semi-gros gérer une véritable entreprise en mutualisant leurs moyens avec des guetteurs âgés d'à peine 12 ou 13 ans, payés 100 à 300 euros par jour pour donner l'alerte en cas de coup dur.

Mes hommes planquent dans des cartons de machines à laver, sur des balcons, infiltrent le réseau avant d'en venir à bout. Tous les autres moyens de surveillance classiques, comme le « soum » (camionnette de surveillance, baptisée sous-marin), sont impossibles à utiliser sans éveiller l'attention. Un faux pas, et toute notre enquête s'écroule !

Nous ciblons une petite épicerie, quartier général des dealers. Jour et nuit, elle est placée sur écoutes téléphoniques, qui permettent au passage de retrouver la voiture volée du préfet.

Le top intervention est donné le 1er février, à 6 heures du matin. Dix-sept personnes interpellées, 215 kg de résine de cannabis, 11 kg d'herbe, 1,5 kg de cocaïne, des armes en veux-tu en voilà.

Chez Nordine, le trésorier-payeur de l'équipe, dans un petit immeuble tranquille, il a fallu enfoncer la porte. J'ai bien crié :

— Police, ouvrez !

Pas de réponse, on enfonce !

Dans la chambre, sur le lit, je revois encore des enveloppes pleines de billets de banque et des bijoux, la coquette somme de 120 000 euros. Notre arrivée avait tirés de leur sommeil Monsieur et Madame. Manifestement, lui aux réflexes rapides, s'apprêtait à « faire le ménage ».

Perquisition : dans un tiroir, divers courriers dont une lettre de réclamation de Nordine à qui on a supprimé le RMI. Un comble !

Et un album photos de son mariage, digne d'une scène du *Parrain* de Francis Ford Coppola : luxe, invités à tous les étages – cinq cents me précisera-t-il avec une certaine fierté – et voitures haut de gamme, Ferrari, 4 × 4, Porsche.

*

Nous découvrons un monde brutal, fou, toute une « vie parallèle ».

Difficile même à imaginer : les trafiquants fouillent les agents EDF, les plombiers afin de vérifier s'ils ne sont pas policiers, ils kidnappent ceux qui résistent, comme ce jeune Chinois venu d'on ne sait où.

À l'audience de la chambre correctionnelle, l'une des « nourrices » se confie aux journalistes. Elle craint pour sa vie, elle a été agressée chez elle par deux hommes encagoulés en quête de cannabis, qu'elle nous a finalement dénoncés, dont un certain Hicham. Devenue une « poucave », moucharde dans l'argot des cités, elle a dû quitter le quartier.

— La police ne m'a pas aidée, on parle mais c'est sans garantie de nouvelle vie derrière.

Elle n'a pas totalement tort

*

Nous avons identifié et interpellé onze « nourrices » dans cette affaire, qui ont toutes écopé de peines de prison avec sursis et n'ont même pas fait le déplacement au procès. Par peur des représailles.

Mais des affaires de « nourrice », il y en a eu d'autres.

Je me souviens d'une personne, à Sevran toujours, durant l'été 2006, chez qui nous avons arrêté des dealers. Ils possèdent un jeu de clés de son appartement, où nous trouvons des produits stupéfiants conditionnés.

Prétextant d'abord la perte de sa clé, elle nous a avoué avoir accepté de prêter son logement pour stocker la marchandise, mais également permettre aux membres du réseau de s'y réfugier en cas de descente de police. En échange de 100 euros par jour.

*

Et, en guise de cadeau, le 6 avril 2007, jour de mon pot de départ de retraité, mes gars du groupe du commandant David Fasquel m'amènent sur un plateau une affaire similaire, très symbolique de ce qui se passe dans certaines cités aujourd'hui. Ils savaient qu'elle me tenait à cœur ; que rêver de mieux pour boucler la boucle ?

Elle débute en 2006 lorsque les pompiers interviennent au domicile d'une dame âgée de 62 ans, Évelyne. À leur arrivée, trois jeunes quittent les lieux avec l'air de ceux qui ont quelque chose à se reprocher.

La sexagénaire est terrorisée et porte des traces de coups sur un bras.

Comme elle est murée dans son silence, les secours ne peuvent rien en tirer mais découvrent que son logement abrite un véritable laboratoire de confection de cannabis ; or la vieille dame n'a ni l'allure ni l'épaisseur d'un parrain de la drogue !

Saisis par le parquet, nous entrons dans la danse. On trouve chez elle une planche à découper, des gants, des sachets de conditionnement.

Petit à petit, la confiance aidant, elle explique que, depuis l'été, trois jeunes gens se sont installés chez elle pour se livrer au trafic, sous la menace, et lui ont volé sa voiture pour effectuer leurs petites courses.

L'enquête piétine, traîne en longueur.

Janvier 2007 : Évelyne B. est à nouveau victime de coups, car l'un des dealers a découvert le récépissé de sa plainte déposée contre eux. Elle « se lâche » cette fois pour de bon, entre deux hoquets, car elle a visiblement un peu bu :

— Depuis plus d'un an et demi, trois jeunes de Rougemont viennent régulièrement chez moi. Au départ, ils étaient dans le hall d'entrée, bonjour bonsoir sans plus, puis ont appris que j'allais être hospitalisée. Ils ont proposé de garder mon petit chien, j'ai tout de suite accepté et leur ai confié ma clé d'appartement. Ils se sont installés. Je leur ai demandé de partir, je ne voulais pas payer l'électricité pour eux, ils ont refusé et promis de me donner 10 à 20 euros de temps en temps. C'est devenu un cercle vicieux, ils m'ont menacée, ont juré de tuer mon chien si je les dénonçais. Ils ont même caché une arme chez moi, un fusil je crois, et ouvert à l'aide de mes papiers d'identité une ligne téléphonique sur un portable qui m'a coûté la peau des fesses. Un jour, ils ont renversé sur moi une friteuse pleine d'huile, j'ai été ébouillantée. J'ai déposé plusieurs mains courantes au commissariat, ça n'a servi à rien.

*

Mes hommes ont de la chance. Ils vont voir Évelyne, tombent nez à nez avec elle sur le palier. Elle sort son chien, terrorisée, leur fait comprendre d'un signe de tête que ses bourreaux sont à l'intérieur.

Ils entrent. Discrètement. Silencieusement.

Deux jeunes gens de 19 et 17 ans, des cousins, découpent tranquillement des barrettes de résine de cannabis sur la gazinière. Très rapidement, ils sont menottés et emmenés au plus vite. C'est le moment le plus dur d'une arrestation dans une cité. Nous sommes en terrain hostile.

En garde à vue, l'un avoue, l'autre non. Et pourtant, l'ADN d'un des loustics est le même que celui découvert le 22 juin 2006 sur un sac à dos dans une boîte aux lettres des HLM voisines avec à l'intérieur 655 grammes de shit, 460 euros, une cagoule et quatre talkies-walkies.

*

En ce jour de « pot de départ », je me suis souvenu avoir montré la photo des brûlures d'Évelyne au ministre de l'Intérieur, venu en personne nous féliciter pour la réussite de l'affaire de Cité basse.

Nicolas Sarkozy nous lance, comme Napoléon félicitant ses grognards :

— On est fiers de votre travail.

Nous aussi. Surtout pour Évelyne.

J'ai expliqué à Sarko toute la difficulté de nos enquêtes, dans un environnement hostile, avec de véritables adversaires présents sur le terrain vingt-quatre heures sur vingt-quatre, ayant une connaissance en temps réel de tous les mouvements de locataires, ce qui rendait impossible la mise à notre disposition d'appartements vides pour infiltrer ou surveiller ces trafics.

Combien de policiers « filés » dès leur entrée dans certaines cités du 93, même dans des véhicules banalisés ou déguisés comme au carnaval ?

Combien de dossiers montés avec la plus grande difficulté, plus ardus que des opérations internationales qui, elles, bénéficient du concours des meilleurs services de police étrangers, d'aviseurs (informateurs rémunérés) et des moyens matériels les plus sophistiqués ? Qui le prend en compte ? Pour quels résultats ?

— … Des quartiers naguère épargnés il y a dix ans – voire il y a deux ou trois ans –, sont aujourd'hui touchés par ce fléau. Le tonneau des Danaïdes, monsieur le ministre, je vous le dis…

*

J'ai appris, sous la plume de Luc Bronner dans *Le Monde*, qu'à Sevran, il est envisagé « comme thérapie de choc » de détruire une tour d'une cité, ce « triangle d'or » de la drogue où il vaut mieux se rendre tôt le matin, quand les voyous dorment encore, pour éviter les problèmes.

Au n° 1 en particulier, écrit le journaliste, que je connais par ailleurs, le simple visiteur est fouillé et subit de véritables contrôles d'identité. Par les dealers. « Des mecs surveillent et dorment dans les escaliers », témoigne le maire Stéphane Gatignon, ex-PCF devenu écologiste. La situation est telle que le bailleur social a retiré les gardiens d'immeuble, victimes de menaces, violences et rackets.

Les descentes de police, dans les halls, les investigations fiscales n'y ont rien fait, les trafiquants s'adaptant jusqu'à creuser des tunnels afin de stocker leurs marchandises et éviter les fouilles. Comme à… Gaza.

« Les dealers ayant constaté que les enquêtes judiciaires prennent généralement six à sept mois, rapporte Bronner, changent leur organisation tous les quatre ou cinq mois. » D'où la démolition de la tour litigieuse dans le cadre d'une opération urbaine, afin de « redonner espoir aux habitants par une opération forte » selon les propres mots du principal bailleur.

Ce qui évitera que les trafiquants s'adaptent une fois de plus en prenant de vitesse policiers, magistrats, animateurs sociaux, mairie.

Pour aller où ? Un peu plus loin sans doute.

31

Retraite active

J'ai les mains moites, ma voix tremble un peu. Face à moi, le préfet, mon directeur, des personnalités, des juges... Mais aussi des visages que je connais par cœur, qui m'amènent un sourire quand je les vois. Mes copains, mes amis, ceux avec qui j'ai passé des nuits de planques, râlé contre le froid. Ceux qui m'ont entendu martyriser ma vieille machine à écrire. Ceux qui ont veillé avec moi dans les couloirs du 36, dans les locaux minables du 93...

« Monsieur le préfet... »

Je commence mon discours... dans quelques minutes, je ne serai plus flic !

Je tourne les pages, parle avec assurance, enfin j'essaye. Les derniers mots arrivent :

— Vous allez me manquer, vous allez beaucoup me manquer !

J'ai chaud, le buffet me fait de l'œil, les applaudissements crépitent, mes petits-fils se précipitent dans mes bras.

Voilà, c'est fini…

Ciao les flics ! Ciao le commissariat, ciao ma vie…

Enfin, ma vie dans la police.

Bonjour la retraite, autre horizon, je ne peux pas m'arrêter là, j'ai encore beaucoup à faire.

*

D'abord je n'ai que 58 ans, j'ai envie de me rendre utile, de mettre mon expérience au service d'une entreprise, d'un travail qui me plaise. C'est le début de mon autre vie.

Voilà comment un lundi d'avril 2007, à 10 heures, je suis tout en blanc des pieds à la tête : charlotte, gants, blouse. Je suis la nouvelle recrue de l'Institut génétique de Nantes Atlantique (IGNA), ce laboratoire privé, créé en 2003 par le professeur Jean-Paul Moisan, spécialisé dans la recherche d'ADN. C'est le plus important de France, il intervient dans les expertises liées aux affaires judiciaires et alimente le Fichier national des empreintes génétiques (FNAEG). Je viens d'être soumis à un prélèvement buccal, comme tous ceux qui entrent en ce lieu, afin d'éviter toutes traces de pollution humaine dans les futures analyses. L'entreprise – car il s'agit bien d'une PME de quelque cent personnes aujourd'hui – s'étend sur 1 800 mètres carrés. Elle est entièrement automatisée. Ici, on travaille en binôme, on parle de crimescope, de traçabilité, de chromosome, et bien sûr d'ADN à tous les étages, et de toutes sortes, nucléaire ou mitochondrial. Un seul but : contribuer à la recherche de la vérité en révélant et analysant les traces biologiques relevées sur les scènes de crime. Je suis dans mon élément, je retrouve un peu de ce qui a fait le sel et la raison de ma vie de policier trente-sept ans durant. Introduit dans les coulisses, au cœur de l'Institut, je rencontre pour la première fois ses experts et techniciens en empreintes génétiques et digitales, en morphoanalyse. De vrais savants, des grosses têtes qui n'ont rien du professeur Tournesol. Des passionnés, bardés de diplômes mais ne l'affichant pas. Moisan, fier et jovial Breton à moustache, pionnier de l'ADN dans les années quatre-vingt, m'a embauché comme chargé de relations pour présenter le labo à mes anciens collègues, aux gendarmes aux magistrats, fort de mon expérience en police judiciaire. Mon prédécesseur et ami, Gérald Sanderson, un vieux briscard avec qui j'ai travaillé à la brigade criminelle, vient de disparaître prématurément. Je lui succède comme « ambassadeur » du professeur qui m'offre un emploi, un moyen de compléter agréablement ma retraite de commissaire de police.

On me conduit dans les différents labos et j'assiste à une opération de prélèvement, la phase initiale du traitement des scellés judiciaires. Aurélie et Thierry, techniciens, sont concentrés comme des chirurgiens en salle d'opération. La première ouvre méticuleusement l'un de ces scellés, un drap retrouvé sur le meurtre d'une fillette, tandis que le second le photographie. Chacun sa tâche, chacun ses gestes et ses instruments. L'ordinateur pour Thierry, qui prend en dictée les constatations d'Aurélie relatives à l'indice découvert sur la scène de crime passé sous les faisceaux du crimescope, une lampe torche qui révèle toutes les traces organiques – sang, sperme –, prélevées par la suite, étape numéro un du processus débouchant sur la révélation d'un ADN et, peut-être, l'identification du meurtrier :

— T'as vu ces trucs, il y a une constellation de taches suspectes, note Aurélie.

— Il va falloir faire plusieurs tests pour déterminer les bonnes, surenchérit Thierry.

*

Il règne un silence de cathédrale. Ils ne se parlent pas, ou à peine, sachant tous deux parfaitement ce qu'il reste à faire. Aurélie se saisit d'un ciseau afin de découper une pièce du drap pour analyse. À chaque scellé ses instruments, il faut éviter toute contamination. Ils ont tous deux soif de résultat, leur implication est au-dessus de la normale, ils travaillent nuit et jour, week-end compris, pas comme d'autres labos, privés ou publics.

Hasard ou coïncidence, le drap passé au crible des experts vient d'une affaire traitée par mon tout dernier service, la Sûreté départementale (SD) de Seine-Saint-Denis. Une sordide histoire d'assassinat d'une fillette de 6 ans dont le père et la mère se renvoient la responsabilité. Dramatique mais simple en apparence. Être ici dans ces lieux me ramène à mon passé récent lorsque, sans bien le mesurer, j'ai tourné une page, franchi un cap et rendu les clés de mon bureau de responsable de la SD, pour franchir une nouvelle étape de ma vie professionnelle. Face à cette technicité, je ne peux m'empêcher de penser à toutes ces enquêtes sur des meurtres sexuels restées des énigmes. Sans coupable, sans solution pour les familles qui n'ont jamais pu faire totalement leur deuil. Avec parfois un ou des suspects non confondus faute de preuves matérielles ou d'expertises génétiques qui n'existaient pas ou en étaient à leurs balbutiements.

*

Me revient en mémoire, dans cet endroit feutré et presque paisible, un ancien dossier d'une autre gamine de 10 ans découverte sans vie chez elle à l'Hay-les-Roses, près de Paris, par sa mère, à la fin des années soixante-dix. Appartement fouillé, divers éléments nous font penser que la victime a été violée avant d'être étranglée.

Crime crapuleux ? Dans une pochette de disques 33 tours, nous découvrons les bijoux de famille censés avoir été volés ; nos soupçons se tournent vers le compagnon de la mère. Il est placé en garde à vue, nous reconstituons avec minutie son emploi du temps. Ça ne colle pas et l'homme nie farouchement. Ce faisceau d'indices le conduit droit en prison puis devant la cour d'assises : il est acquitté. Contrairement aux usages, nous n'avons même pas été entendus à l'audience. Son avocat met en cause notre partialité dans l'enquête, je l'apprendrai en lisant le journal. Personne, pas même l'avocat général, pour défendre notre conviction, et celle du juge d'instruction, selon laquelle le beau-père de la fillette avait abusé d'elle avant de briser une vie à peine commencée, dans la fleur de l'âge. Avec l'ADN, l'auteur aurait été confondu en un éclair de temps. Ou innocenté. Sans conteste en tout cas.

*

Cette expérience au sein du labo des « experts », démontre encore qu'une enquête tient à peu de chose, que la police est fragile. La science n'a pas réponse à tout, loin de là, mais si on peut punir le crime grâce à elle, pourquoi s'en priver ?

Moi, après ça, après la blancheur un peu froide du labo, je vais remettre les mains dans le cambouis.

Je dois être un peu maso !

32
En guise d'au revoir

Je quitte le labo, normal, tout a une fin. Mais je me suis débrouillé pour redevenir un peu flic. Depuis 2009, j'ai repris en effet du service comme délégué-à-la-cohésion-police-population. Délégué à quoi ? Cohésion. Police. Population. Une possibilité offerte dans le cadre du plan « Espoir Banlieue » – quelle belle formulation –, aux policiers retraités expérimentés qui sont affectés dans des quartiers sensibles afin de rétablir le lien, qui me paraît très distendu pour parler pudiquement, entre les jeunes et les flics. Vaste programme qui sied pourtant à de vieux (mais jeunes dans l'âme) policiers venus de tous horizons, PJ ou RG, n'ayant pas totalement tourné la page et encore avides de se rendre utiles.

Et devinez où ? Dans le 9-3 !

Comment gagner la confiance, passage obligé pour éviter un complet découragement ou une révolte, restaurer ou conforter la relation entre la police et la population ?

Je suis un relais humain, c'est mon seul atout car je n'ai plus rien du pouvoir de flic.

Mais le message est difficile à faire passer, surtout auprès des jeunes, public difficile à approcher et surtout à convaincre.

Occupations des halls d'immeubles, squats, rodéos en motos ou en quad, chantages… Le travail ne manque pas. C'est surtout la détresse des gens que je rencontre qui me fait mal.

Que dire quand une femme me lance :

— La police s'en fout !

Quand les habitants m'avouent leur peur, ou refusent de me parler parce qu'ils ne veulent pas être vus « avec un flic » !

Quelle réponse, alors ?

Quelle répression ?

La vidéosurveillance, rebaptisée vidéoprotection pour ne pas choquer ? Là aussi, les voyous s'adaptent, cagoules, bonnets ou écharpes. Lorsqu'un drame survient, comme cette mère de famille et ses deux enfants percutés par un quad, les engins disparaissent de la circulation.

Jusqu'à ce que les rondes infernales reprennent. De plus belle.

*

Prévenir, mais aussi éduquer. Orienter. Donner des chances.

Mes rapports avec l'Éducation nationale sont fréquents, et me permettent également de promouvoir les différents métiers de la police.

J'insiste tout particulièrement lors de mes rencontres avec les élèves sur l'opportunité que représente pour eux la filière des « cadets de la République », option police, destinée à l'ouvrir sur la banlieue dans le droit fil de la discrimination positive, chère à Sarkozy dans ses années Beauvau.

Une formation rémunérée en alternance pour des jeunes de 18 à 26 ans, sans condition de diplôme, d'une durée de douze mois et préparant à la fonction d'adjoint de sécurité (ADS) puis au concours de gardien de la paix. Il s'agit là pour moi d'un véritable vecteur de promotion de l'égalité des chances.

Difficile pour ces gamins un peu perdus de manifester de l'intérêt pour la police, mais certains bravent parfois l'interdit, d'autres me contactent plus tard dans un cadre plus feutré. L'important est que le message passe. Les bonnes volontés existent, sans doute dispersées mais bien réelles.

Il n'en reste pas moins que tous mes efforts et tous les dispositifs quels qu'ils soient seront toujours rejetés par une frange totalement imperméable, plus préoccupée par l'appât du gain immédiat que par la construction d'un avenir. Lorsque j'arpente les rues de ces quartiers, ce n'est pas sans un pincement au cœur que je passe devant certains halls d'immeuble, où la concentration de « glandeurs » fait peine à voir, proies faciles pour les mafias de tous poils.

Je ne peux m'empêcher de penser aux familles honnêtes qui vivent chaque jour dans cet univers de cauchemar.

*

Qui a la solution ? Comment répondre à ceux qui y vivent et appellent au secours ?

Tous les jours, je suis interpellé sur l'absence de réaction de l'État par d'honnêtes habitants, voulant simplement rentrer chez eux sans avoir à baisser les yeux et à enjamber toutes sortes de détritus dont les entreprises de nettoyage ont du mal à venir à bout et doivent jouer à cache-cache pour intervenir sans se prendre un mauvais coup. Le matin tôt, pas après 11 heures.

Combien de bailleurs se voient opposer le droit de retrait ? Que se passera-t-il lorsqu'une intervention se révélera urgente en cours de journée ?

Voilà déjà une poignée d'années que j'ai quitté les rangs de la police, mais, toujours au contact de mes anciens collègues, je suis les évolutions : toujours plus de violences visant les plus démunis – femmes, mineurs, personnes âgées –, la drogue partout, avec maintenant la présence d'armes à feu, d'armes de guerre.

Que faire ?

Sortir tout d'abord de l'angélisme des uns et de la stigmatisation permanente des autres.

Et repérer ceux qui en valent la peine, écarter ceux qui polluent. Les premiers doivent être aidés, sans restriction, les seconds doivent être pris en charge par des structures qui devront tenter de les remettre dans le droit chemin.

La tâche est immense, nous sommes face à un défi. Dans le contexte actuel, avec les moyens dont on dispose, et faute d'union sacrée, il n'a aucune chance d'être relevé.

Mais, il est tard, je vais vous laisser…

J'en ai fini avec mes petites histoires, tant mieux si elles vous ont intéressé. Ce n'était que quelques tranches de vie, une vie de flic. Avec ses hauts, ses bas, ses rires, ses pleurs…

Une vie d'homme, voilà tout.

Remerciements

Nadia Bellon, Rémy Bellon, Gilles Légo, Christian Naigeon, Charles Diaz, Pierre Dieppois, Mario Fattore, Bruno Jézéquel, Jean Pérez, Christian Bourlier, Denis Versini, Éric Barre, Patrick Moreau.

Et toutes celles et ceux qui, dans l'ombre, m'ont accompagné tout au long de ces trente-cinq années de police.

« *Securitas autem proprium bonum sapientis est.* »
« La sécurité est le bien propre du sage. »
Sénèque

Table

Mise en page par Meta-systems
59100 Roubaix

CET OUVRAGE
A ÉTÉ ACHEVÉ D'IMPRIMER
SUR ROTO-PAGE
PAR L'IMPRIMERIE FLOCH
À MAYENNE EN AVRIL 2013

N° d'édition : L.01ELKN000267.N001. N° d'impression : 84747
Dépôt légal : mai 2013
Imprimé en France